히트곡 제조법: 최대한 쉽게

THE MANUAL: HOW TO HAVE
A NUMBER ONE THE EASY WAY
by Bill Drummond and Jimmy Cauty

실용 총서
히트곡 제조법: 최대한 쉽게

KLF 지음
미묘 옮김

워크룸 프레스

실용 총서. 히트곡 제조법: 최대한 쉽게
KLF 지음
미묘 옮김

초판 1쇄 발행. 2019년 8월 9일
편집·디자인. 워크룸
제작. 세걸음

워크룸 프레스
출판 등록. 2007년 2월 9일 (제300-2007-31호)
03043, 서울시 종로구 자하문로16길 4, 2층
전화. 02-6013-3246 / 팩스. 02-725-3248
이메일. workroom@wkrm.kr
웹사이트. workroompress.kr / workroom.kr

이 책의 국립중앙도서관 출판예정도서목록(CIP)은
서지정보유통지원시스템(seoji.nl.go.kr)과
국가자료공동목록시스템(nl.go.kr/kolisnet)에서
이용할 수 있습니다. CIP제어번호: CIP2019028235

ISBN 979-11-89356-20-0 04080
978-89-94207-98-8 (세트)

돈 럭나우(Don Lucknow)[1]와의 추억에
이 책을 바친다.

부탁한 것 이상까지 힘써준 마리
오플래허티(Marie O'Flaherty)에게 감사한다.
그 없이는 이 책을 완성할 수 없었을 것이다.

---

1. 게임 디자이너 제임스 월리스(James Wallis)의 다른 이름. KLF의
다른 이름인 '저스티파이드 앤션트 오브 무 무(The Justified Ancients
of Mu Mu)'는 로버트 앤턴 윌슨(Robert Anton Wilson)의 음모론 소설
『일루미나투스!(Illuminatus!)』 3부작에 등장하는 단체인 '뭄무의 당당한
기수들(The Justified Ancients of Mummu)'에서 따왔다. 일루미나티와
대결을 펼치는 아나키스트 단체로, 모토는 "모두 바닥에 엎드려 가만히
있으라.(Everybody lie down on the floor and keep calm.)"라고 한다.
월리스는 이 이름을 함부로 사용하면 큰 낭패(deep shit)를 볼 거라고 KLF에
경고한 바 있다.

일러두기

— 외국 인명, 그룹명은 되도록 국립국어원의
외래어표기법에 따라 표기하되, 통용되는
표기가 있는 경우 그를 따랐다. 음반명, 곡명은
되도록 한국어로 옮기되 원제가 널리 알려진
경우 음차했다. 경우에 따라 원문의 어조를
살리기 위해 비어나 속어를 사용하기도 했다.
각주는 모두 옮긴이가 달았다.

— 단행본, 정기간행물, 앨범, 전시는 겹낫표(『』)로,
글, 논문, 기사, 노래, 작품은 홑낫표(「」)로
묶었다.

9	서문
17	시작은 아무 일요일 저녁에나
27	레코딩 스튜디오
38	월요일 오후: 스튜디오 예약
45	돈
48	은행: 아주 실질적인 기능을 중심으로
53	월요일 저녁
54	화요일 아침
64	화요일 오후 1시가 지나면
65	황금률
69	캐주얼하게, 아주 약간은 신비롭게
111	금요일 아침
112	주말
115	일요일 밤
116	24트랙 스튜디오에서 닷새를
136	목요일 아침
143	런던
162	4주차
167	5주차
182	발매일 초읽기
186	플레이 리스트
201	덧붙이는 글

205   옮긴이의 글

217   히트 음반 디자인 체크 리스트 / 이재민

서문

은유로 범벅된 롤러코스터에 탈 준비를 하자. 인생의
러키 백에 손을 넣어 환상의 먹구름을 움켜쥐고, 그
위에 천재성을 덧바를 준비도 하자. 이 책에 담긴
간단명료한 지침을 따르기만 하면, 당신은 **UK 톱 40**
차트 1위에 오르는 건 물론이고, 거룩한 팝 역사의
연대기에 한 자리 보장받는다는 치기 어린 꿈을 이룰
수 있다.

우리가 제공하는 건 1위 히트곡을 제조하는
방법뿐이다. 다른 건 없다. 영원한 재산 따위는
없을 것이다. 명예는 스쳐 지나가고 섹스는 여전히
골칫거리일 것이다. 며칠 동안 당신 손에 들어온 건
어차피 금세 공공재가 될 것이다.

우리는 이 책에서 당신을 후려칠 것이다. 사기도
칠 것이다. 거짓말도 하겠지만 우리가 믿는 거짓말만
할 것이다. 그럼에도 당신은 우리의 거짓말을 꿰뚫어
보고, 그 안에서 빛나는 진실을 잡아챌 수 있으리라.
우리의 통찰은 왜곡 광선을 통해 투사되고, 우리는
모순 속에서 흥청댈 것이다. 그러니 너무 지루한
부분이 있다면 그냥 넘겨버려도 좋다. 필요하다면 맨
마지막 장까지도.

팝 음악이 세상을 구원할 수 없다는 건

우리 모두 알지만, 그래도 음악이 '추억'이라는
은행의 색인 시스템이 되는 것만큼은 부인할 수
없다. 세월이 흐르면 사람들은 외로운 거리를
비틀거리며 집으로 향할 때, 당신 곡을 부르면서
빈달루(vindaloo)[2]가 목구멍을 역류하는 걸
억누르며 이 잊혀가는 노래 뒤에 가려진 사람의
기억을 함께 삼켜버릴 것이다. 그래도 당신만은
그 잃어버린 맛, 냄새, 눈물, 격통, 잊힌 세월과
놓쳐버린 기회를 되새겨야만 한다. 그러니 1위
자리에 있는 동안 할 수 있는 만큼 즐겨둬라.

　히트곡은 흔히 명성, 영원한 부, 쉬운 섹스의
동의어라고들 생각한다. 사람들은 이런 미신을 믿고
싶어 하고 대중매체도 이런 일이 계속 일어나기를
바란다. 미남 미녀 스타나 스포츠 영웅, 선택받은
왕가의 (먼) 친척과 마찬가지로, 팝 스타들은 연예계
파티의 화려하게 반짝이는 세계를 들락거리며
작게는 불륜을 일으키고, 크게는 인생이 이목에
노출된 채 차려입고 꾸며진 뒤 최종적으로는
파멸하게 마련이다. 물론 유명인은 술과 마약,
실패한 결혼 생활과 파산의 세계로 떨어지기 딱 좋은
존재인데, 그런 삶마저 추레한 현실보다야 매혹적인

---

2. 포르투갈 음식을 인도식으로 재해석한 요리. 보통 고기나 생선을 넣어 맵게
만든다.

것으로 치장되곤 한다.

기본적으로 팝 음악에서 1위라는 건 궁극의 훈장이다. 올림픽에서 금메달을 받듯 더없는 영광이다.

히트곡이 달성되는 건 대개 아티스트의 커리어 초반, 그러니까 아직 명망을 떨치거나 탄탄한 팬덤을 일구기 전이다. 아티스트 대다수는 그 한 번의 성취로부터 결코 회복하지 못하며, 이 곡은 그들 목에 달린 이정표가 돼 모든 후속작을 비교하는 기준이 된다. 어떤 음반[3]이 1위에 올랐다는 사실은 곧 아주 짧은 시기 동안 과도하게 노출된 끝에 철 지난 유행어처럼 폐물로 전락한다는 뜻이다.

10년에 한두 번은 전 국민의 신경 회로를 타고 대중의 입맛을 건드리는 히트곡을 터뜨리고도 거기에 만족할 줄 모르는 아티스트가 나온다. 성공의 비결이 변하진 않았는지 두 번째도 성공을 거두고, 세 번째, 때로는 심지어 네 번째까지도 이어진다.

---

3. 음반은 일반적으로 음악을 담은 매체를 가리키며 여기에는 바이닐, (형태는 음반과 거리가 좀 있지만) 카세트테이프, CD 등이 포함된다. 한국에서는 음반이 앨범과 동의어로 사용되곤 하지만, 엄밀히 말해 앨범은 음악이 흔히 여덟 곡 이상 담긴 음반을 가리킨다. 싱글은 말 그대로 음악을 한 곡 담거나 그에 딸린 부수적인 트랙들만 추가된 음반이다. 본문에서는 음반과 앨범을 구분했다. 이 구분법에 따르면 '싱글 앨범'은 얼토당토않은 용어로, 바른 표현은 '싱글'이나 '싱글 음반'이겠다.

이렇게 감옥이 완성된다. 아티스트는 자신의
창조성에 또 다른 색깔이 있음을 세상에 증명하려다
망가지거나, 기꺼이 현실을 받아들이고는 아무
생각이라곤 없던 먼 옛 추억을 보부상처럼 팔아대며
떠돌이 기형 쇼(freak show) 같은 여생을 보내게
된다. 이건 그나마 운 좋은 소수의 경우다. 대부분은
공연을 이어갈 기회도 갖지 못한 채 몇 년씩이나
세금을 밀리며 유일하게 이성적인 해결책(평범한
직업 갖기)을 처절하게 미루기만 하는 나날 속으로
볼썽사납게 빨려 들어간다.

아티스트들이야 의심이랄 게 없어서 이런
사실을 모른다 해도 음반 산업계는 아니다. 단지
레밍(lemming) 떼 같은 어떤 이유가 있어서
인정하지 않을 뿐이다. 이들은 아티스트가 헐값에
녹음한 대박 데뷔작을 노다지로 믿은 채 향후
몇 년 동안 스튜디오 녹음, 뮤직비디오, 전국
투어에 막대한 돈을 쏟아부으면서 기적이 또 한
번 일어나기를 기원한다. 음반 판매로 정말 돈이
들어오는 것 말이다.

물론 어떤 아티스트들은 오랜 시간 노력해
자신의 예술적 자신감과 평단의 환호, 충성스러운
팬들(이 모든 게 든든한 주춧돌이 된다.)이라는
기반을 일군 뒤 히트곡을 얻기도 한다. 정말이지

진정성 넘치는 승리다. 하지만 그런 경우에도
순혈주의 팬들은 불만에 휩싸이게 마련이라
자기들만의 친목 클럽에 끼어드는 더러운 뜨내기를
향해 토악질해대며 떠나가곤 한다.

그럼 뭐가 남는가? 무슨 의미가 있나? 창작의
자유를 위한 대단한 경제적 보상이나 장기적
커리어의 전망을 보장받기는커녕 꿈을 꾸기도
어렵다면 성취할 수 있는 게 뭐가 있기나 한가? 그건
우리도 모른다.

이 책이 1980년대 말의 정신 없는 몇 달 동안
당신에게 버트 위던(Bert Weedon)의 『하루 만에
연주를(Play In A Day)』[4]이 돼줄 수 있다면 우리는
만족할 것이다. 누군가 우리 안내를 따라 실제로
1위를 달성한다면 마다가스카르에서 잼스(The
JAMs)[5]와 하룻밤을 즐기게 해주겠다고 약속한다.

---

4. 영국의 기타 연주자 버트 위던이 쓴 기타 교본. 한국으로 치면 『이정선의
기타 교실』 같은 느낌이다. 위던은 대영제국 훈위도 받은 명망 높은
기타리스트로, 이 책은 영향력 있는 기타 교본 중 하나로 꼽힌다. 에릭
클랩튼(Eric Clapton), 존 레넌(John Lennon), 조지 해리슨(George
Harrison), 브라이언 메이(Brian May), 피트 타운센드(Pete Townshend),
키스 리처드(Keith Richard) 등 아무튼 전설적인 기타리스트라고 하면 떠올릴
법한 수많은 인물이 이 책으로 기타를 배웠다고 한다.
5. 저스티파이드 앤션트 오브 무무(The Justified Ancients of Mu Mu)의
약어. 또한 뭄무의 당당한 기수들(The Justified Ancients of Mummu)의
약어이기도 하다.

모든 건 우리가 알아서 할 테니 당신은 몸만 오면
된다. 그리고 혹시 우리 말에서 불편을 느끼는
독자가 있다면 '그'는 '그녀'로 바꿔 읽기 바란다.
그저 우리가 수컷이다 보니 그게 쓰기 편해서 그랬을
뿐이다.

그럼 UK 1위 히트곡은 어떤 식으로
만들어나갈까?

다음의 단계별 가이드를 따르기만 하면 된다.

일단 당신은 빈털터리에 실업급여를 받는
신세여야 한다. 멀쩡한 직업이 있거나 정규 교육
과정에 묶인 사람은 이 모든 걸 견뎌내며 갖다
바칠 시간이 있을 리 없다. 이미 뮤지션이라면
연주하던 악기를 내려놔라. 아예 팔아버리면 더
좋고. 두고 보면 알겠지만, 일단 우리 말을 그냥
믿어라. 포르타스튜디오(Portastudio)[6]나 (구형이든
신상이든) 음악 장비 앞에 앉아 주물럭거려봐야
일만 복잡해지고, 목표에 도달하는 데 방해만 된다.
당신이 뮤지션인 것보다 더 나쁜 경우는 밴드에 속한

6. 타스캠(TASCAM)의 멀티 트랙 레코더. 1979년에 첫 모델이 출시됐으며,
카세트테이프에 4트랙을 녹음하고 믹싱할 수 있는 최초의 장비였다. 이는 쉽게
말해 보컬, 기타 등 서로 다른 소리를 따로 녹음해 믹싱하는 일을 스튜디오에서
할 필요가 없게 됐다는 뜻이다. 이름처럼 휴대성이 뛰어난 장비기도 했다.
수많은 아티스트가 주로 데모를 녹음하는 데 사용했고, 우 탱 클랜(Wu Tang
Clan)은 믹싱에도 사용한 것으로 알려졌다.

뮤지션인 경우다. 제대로 된 밴드는 절대로 1위에
오르지 못한다. 꼭두각시가 아니라면 말이다.

밴드에 속해 있다면, 그 안에서 시시한
말다툼이나 패악질이 일어나는 걸 잘 알 것이다.
이런 염증은 밴드의 성장에 비례해 커지기만 하고,
어떤 밴드도 여기서 벗어나지 못한다. 모든 밴드는
울화통과 눈물, 지독한 악담으로 끝난다. 청년들이
뭉쳐 세상에 '맞선다'[7]는 신화는 순전히 희망 사항에
불과하다. 우리에게는 계속 음반을 사고, 음악
잡지를 읽게 하는 역할밖에는 하지 못한다. 감히
말하건대, 밴드 멤버들도 이런 신화를 자꾸 믿고
싶어 한다.

그러니 당신이 지금 밴드에 속해 있다면
탈퇴해라. 나와라. 당장.

그건 그렇고, 파트너가 하나쯤 있는 건 꽤
도움이 된다. 아이디어를 주고받을 만한 사람
말이다. 두 명을 넘어가면 파벌이 생기고, 당신도
정치질에나 빠지고 만다. 당신의 여정에 '세상을
뒤흔든 청년 넷'이나 '이 바닥의 마지막 의리 패밀리'
같은 노스탤지어의 자리 따위는 없다.

매주 「톱 오브 더 팝스(Top of the Pops)」[8]를

---

7. 라 쓰고 세상을 '바꾼다.', '엿 먹인다.', '구원한다.'라 읽는다.
8. 줄여서 'T.O.T.P.' 1964년부터 지금까지 이어지는 BBC의 간판 음악

경건하게 시청하고 공부해라. 언젠가 당신이 영국 대중의 가장 큰 단면을 마주했을 때 당신 음반을 사라고 설득할 창구가 바로 「톱 오브 더 팝스」니까 말이다. 아웃사이더처럼 "이런 건 당최 수준이 낮아서..."라고 중얼대는 건 지금까지로 족하다. 몇 년 더 그렇게 찌질거렸다가는 목요일 저녁에 짐 레이드(Jim Reid)[9]의 모공을 들여다보고 싶지 않은 영국 대중 대다수를 혼자 따돌리게 될 뿐이다. 거듭 말하지만 「톱 오브 더 팝스」를 마음속에 새기고, 영국에서 가장 영향력 있는 플랫폼을 사랑하는 법을 배우자.

프로그램. KBS의 『전국 노래 자랑』보다 역사가 8년 더 길다. 실은 2006년 종영됐고, 이후에는 과거 에피소드들을 다시 순차적으로 방송하고 있다. 매주 영국 음악 차트 소개와 중요한 아티스트의 퍼포먼스로 이뤄졌다. 1991년부터 종영할 때까지 라이브에서는 보컬리스트만 노래하고, 반주는 녹음된 트랙을 트는 형태를 원칙으로 삼았다. 무대에 엉뚱한 악기를 들고 나오는 등 이를 조롱거리로 삼는 아티스트도 많았다. 어쨌든 영국 음악 좀 들었다는 사람이라면 가슴이 뛰는 이름이다. 물론 미국 등 다른 나라의 아티스트들도 이 무대를 장식하곤 했다.

9. 지저스 앤 메리 체인(Jesus And Mary Chain)의 보컬리스트. 지저스 앤 메리 체인은 관객을 등지고 선 채 노이즈를 쏟아붓기로 유명했기에 그의 모공을 들여다볼 기회가 있다면 「톱 오브 더 팝스」였을 것임은 분명해 보인다. 지금은 1987년 출연분을 유튜브에서 찾아볼 수 있는데 UHD 화질에 길여진 눈에 그의 모공이 보일 가능성은 그리 크지 않다.

시작은 아무 일요일 저녁에나

아무 일요일 저녁에나 시작하자. 오후 4시부터
7시까지 브루노 브룩스(Bruno Brookes)[10]가
진행하는 「톱 40 쇼」[11]를 듣는다. 각 잡고 앉아
파고들거나 연구할 필요는 없다. 그냥 켜놓고 차라도
끓여라. 다 듣고 남은 시간에는 뭐든 할 일을 하되
그날 밤 잠들기 전에 레이블명을 생각해내야 한다.
너무 기발하거나 참신할 필요는 없다. 그냥 적당한
게 좋다. 사람들과 일하는 데 너무 불쾌한 이름만
아니면 된다.[12]

10. BBC의 DJ 겸 방송 진행자. 청소년 센터에서 DJ를 배우고, 세차
아르바이트를 통해 번 돈으로 장비를 사들이며 살던 중 BBC에 입사했다.
1986년부터 1990년까지, 그리고 1992년부터 1995년까지 「톱 40 쇼」를
진행했다. 애시드 하우스(Acid House)를 유행시키는 데 크게 공헌한 인물로
알려져 있다.

11. BBC 라디오 1은 1967년부터 지금까지 주간 싱글 차트를 소개하는 방송을
해오고 있다. 그 대상이 40곡으로 고정된 건 1978년이다. 라디오의 세계에서
'톱 40'를 꼽는 이유에는 몇 가지 설이 있다. 라디오 초창기에 흔히 보급된
주크 박스가 싱글 40장을 담는 모델이었기 때문에 이를 온전히 채울 수
있도록 최고의 인기곡 40곡을 소개하게 됐다는 설과 40곡을 전부 틀면 DJ의
멘트까지 합쳐 세 시간의 방송 분량을 채우기 좋기 때문이라는 설이다. 어떤
이유든 '톱 40'는 지금 가장 폭넓은 인기를 누리는 팝송이나 그 경향을 가리키는
용어로 통한다.

12. 정 떠오르는 게 없더라도 너무 걱정할 필요는 없다. 4차 산업혁명의
시대에는 레이블명도 AI가 지어줄 수 있다. 구글에서 'record label name

월요일 아침. 당신이 선택한 레이블명이 여전히 그럴싸한지 생각해본다. 옷을 입고 오전 9시에는 밖으로 나온다. 앞으로는 일찍 일어나는 일에 익숙해져야 한다. 점심 무렵까지 침대에 늘어져 있던 시절은 이제 끝이다. 지금부터는 업무차 전화할 때 당신과 당신 레이블(당신 혼자일지라도) 이름을 대는 걸 잊지 마라. 회사 로고와 연락처가 들어간 메모지 같은 건 만들 필요가 없다. 새로운 사업을 시작하면 새 문구류를 만드느라 시간과 노력과 돈을 낭비하는 사람들이 있게 마련인데, 1980년대 후반에 그런 데 속는 사람은 없다.[13]

남은 아침 시간은 이 일을 위해 필요한 나머지 도구를 끌어모으는 데 쓴다. 다음과 같다.

1. 레코드플레이어.[14] (작동하기만 하면 후진
    제품일수록 좋다.) 대중의 사랑을 받는 음반은
    장비를 초월하는 법이다. 값비싼 오디오는
    밋밋한 카페 음악을 평가하는 데나 사용하자.

generator'로 검색하면 레이블명을 자동으로 만들어주는 웹사이트가 여럿 나온다. 참고로 원하는 키워드를 포함하는 옵션도 있다.

13. 2019년 현재 한국에서 그런 데 속은 사람이 없지는 않지만, 그래도 만들지 말자. 어차피 대부분 이메일이나 카카오톡을 쓸 테니까.

14. 레코드플레이어가 뭔지 모르는 독자라면 굳이 알려 하지 마라. 휴대전화가 있다면 스피커를 구해보자.

2. 『나우(Now That's What I Call Music!)』[15]와 『히츠(Hits)』[16] 컴필레이션 시리즈의 최근 몇 장.

3. 최신 댄스 음악 컴필레이션 두어 장. (『테크노 사운드 오브 대거넘 6집(The Techno Sounds of Dagenham Volume VI)』[17] 등)

4. 집에 있는 음반 중 차트 5위 이내에 든 모든 싱글. (여기에 다른 음반을 추가하고 싶다면 아주 확실한 이유가 있어야 한다. 그래도 인디나 펑크 신에 어떤 식으로든 관련된 음반은 안 된다.)

15. 버진 레코드(Virgin Records)와 EMI에서 함께 발매하는 히트곡 컴필레이션 앨범 시리즈. 1983년부터 지금까지 이어지고 있다. 국내에도 『나우』 시리즈로 발매돼 선풍적인 가성비를 자랑하며 레코드 숍을 장식한 바 있었다. "가장 많은 히트곡을 낸 아티스트 이름은?" "배어리어스 아티스트(Various Artists)" 이런 아재 개그도 이 시리즈가 이룩한 특기할 만한 쾌거다. 지금은 굳이 히트곡 컴필레이션 CD를 사는 사람이 없으니 특히 국내에서는 거의 볼 일이 없지만, 시리즈는 건재하다. 노동요, 헬스 뮤직, 추억팔이, 장르별 추천 등 큐레이션 기획도 많다.

16. 『나우』 시리즈에 대적하고자 1984년부터 발매된 소니 BMG와 워너 뮤직 그룹의 히트곡 컴필레이션 앨범 시리즈. 많게는 1년에 다섯 번 이상 발매하며 호황을 누리기도 했으나 결국 『나우』 시리즈와의 경쟁에 밀려 2006년을 끝으로 사라졌다.

17. 굳이 비유하면 『남양주 테크노 사운드 6집』 같은 느낌이다. 실제로 있었던 음반인지는 분명하지 않으나 대거넘에서 음악 관련 하위문화가 제법 발달한 건 사실이다. 지역 성향상 테크노가 큰 흐름을 일궜을 가능성은 작은 만큼 가상의 음반으로 보인다. 그럼에도 굳이 이 지명을 언급한 건 지은이들의 애정 표현일 수 있다. 앞으로 소개할 KLF의 음악 여정과 함께한 스튜디오가 있는 도시기 때문이다.

5. 영국 히트 싱글 기네스북 최신판 한 권.
6. 『뮤직 위크(Music Week)』[18] 디렉토리 북
   한 권. 이건 우편으로 주문해야 한다. 수표나
   송금환으로 15파운드를 동봉해 다음 주소로
   보내라. 런던 베리스퍼드 스트리트 40번지 로열
   소버린 하우스 모건 그램피언 출판사 실비아
   캘버 앞.[19] 배송에는 열흘 정도 걸린다.
7. 양장 노트 한 권과 검정 펜텔 파인 볼펜.

이 중 하나라도 없고, 빌려올 데도 마땅치 않다면,
유감이지만 지갑을 좀 여는 수밖에 없다. 앞으로 이
프로젝트 전체에 걸쳐 당신 돈을 축내는 일은 이번이
아마 마지막이다. 버스비와 전화비를 제외하고
말이다.

당신 집에 전화가 있고 아직 끊기지 않았다면,
다행이다. 아니라면 전화 카드를 사라. 액수는

---

18. 영국의 음악 산업 전문 주간지. 1959년 창간된 『레코드 리테일러(Record Retailer)』를 전신으로, 1972년부터 '뮤직 위크'라는 제호를 달았다. 『레코드 리테일러』는 BBC와 함께 영국 시장 조사 센터(British Market Research Bureau)에 의뢰해 UK 싱글 차트를 만든 당사자이기도 하다. 『뮤직 위크』는 영국 음악 산업계 동향과 트렌드 분석 등을 다루며 해마다 음악 산업 관련 연락처를 총망라한 디렉토리 북을 발간한다.

19. 2019년 현재 『뮤직 위크』 디렉토리 북은 『뮤직 위크』 웹사이트에서 신청할 수 있다. 50파운드에 판매되고, 『뮤직 위크』 정기 구독자에게는 무료로 제공된다.

클수록 좋다. 동전 전화기를 사용하는 건 당연히
짜치는 일이다. 늘 줄을 서야 하고, 전화기는 부서져
있기에 십상인 데다 통화 중 동전이 떨어지기라도
하면 당신은 미래의 히트 가수가 아니라 무능력한
찐따처럼 보이기 때문이다. 팁을 하나 건네면 남의
아파트나 집, 사무실에 들를 땐 일단 최소 한 통씩
전화를 걸고, 받기 전에는 나오지 마라. 다 당신이
1위에 올랐을 때 그 후광을 즐길 사람들이니 이렇게
비용을 분산해둬도 된다.

이걸 다 했는데도 아직 오후 1시가 안 됐다면
『히츠』와 『나우』 컴필레이션 앨범을 처음부터
끝까지 들어보자. 물론 전부 허접쓰레기 더미로
느껴질 것이다. 당신 뇌는 팝의 황금기, 즉 당신의
사춘기 막바지 무렵에 길들어 있기 때문이다.
하지만 마음속으로 깊이 파고 들어가 보면 그건
자기기만임을 알 것이다. 팝 음악에서는 모든
시대가 황금기이며, 그렇지 않더라도 그 시대를
즐긴 세대에게만큼은 황금기 취급을 받는다. 차트를
오르내린 모든 시대의 팝은 동등하다. 그뿐 아니라
차트에 오르는 팝이란 변하지 않는다. 그저 겉으로만
변하는 듯 보일 뿐이다.

팝 음악의 껍질을 벗겨보면 남는 건 늘 고기와
야채, 두 가지로 구성된 정식이다. 몇 세대에

걸쳐 팬들을 즐겁게 해준 바로 그것. 차트 팝이
만족시키는 입맛이란 변함이 없다. 배고픔도
영원하다. 차이가 있다면 기술인데, 그건 어차피
늘 변하게 마련이다. 미래에는 사람의 감성 욕구를
더 효율적으로 채워주는 제품이 개발될지도
모른다. 소싯적에는 톱 10이나 1위 같은 것도 없고,
일요일의 티 타임이 최신 주간 차트와 동의어가
아닌 시절도 있었다. 그러나 우리 시대에는 톱 10과
1위라는 게 있다. 과학 기술이 비트를 타고 행진해서
결국 음악을 파멸시키는 그날까지 톱 10의 모든
음반(특히 1위까지 가는 경우)은 서로 닮게 돼 있다.
이들의 공통점은 심지어 이들의 출신 장르나 파생
장르와의 공통점보다도 더 크다.

　　1988년에 몇몇 클럽에 가보면 DJ들이 최신
12인치[20] 애시드[21] 음반을 틀며 마약과 망상에

---

20. 바이닐 음반의 한 종류. 보통 바이닐은 크기에 따라 담기는 음악의 용량이
다르다. 싱글은 대개 7인치, 즉 약 18센티미터고, 앨범은 더 많은 음악을 담을 수
있도록 약 30센티미터인 12인치 포맷으로 발매됐다. 용량은 크지만 곡은 적게
들어 있는 '12인치 싱글'이라는 것도 있다. 과대포장을 한 건 아니고, 소리가
담기는 홈의 간격이 다른 바이닐보다 넓어 소리의 다이내믹 레인지(dynamic
range)가 큰 게 보통이다. 달리 말해 작은 소리도 잘 들리고, 큰 소리는 더 크게
들리는 음반이란 뜻이다. 그래서 DJ들이 즐겨 사용한 포맷이 됐고, 댄스 음반의
표준처럼 되기도 했다. 어떤 곡의 '12인치 버전'은 원곡보다 좀 더 길고 클럽에서
틀기 좋게 리믹스된 버전을 뜻하기도 한다.

21. 애시드 하우스는 '애시드 재즈'와는 크게 관련이 없다. 애시드 하우스에서

찌든 손님으로 댄스 플로어를 채우곤 했다. 이런
DJ 중 누구라도 팀 심농(Tim Simenon)[22]과 마크
무어(Mark Moore)[23]의 선례를 따라 차트 정상에
오를 야망을 품었다면, 테크닉스(Technics)[24]
턴테이블 뒤에서 무슨 대단한 걸 배웠든 다
패셔너블한 장식에 불과함을 인정해야만 할 것이다.
적어도 톱 10 안에 들거나 1위 자리를 노리고

자주 사용되는 멜로디는 솔풀한 느낌인데, 반복해 듣다 보면 영혼에 약 기운이
퍼지는 듯한 기분을 느낄 수 있다. 또한 애시드 베이스(acid bass)라고 부르는,
묵직한 레이저가 이리저리 굴러다니는 듯한 베이스로도 잘 알려져 있다.
영국에서는 1980년대에 크게 유행했다.

22. 영국의 DJ이자 일렉트로닉 뮤지션. '봄 더 베이스(Bomb The Bass)'라는
프로젝트명으로도 활동한다. 봄 더 베이스의 1987년 곡 「비트 디스(Beat
Dis)」는 UK 싱글 차트 2위, 미국 댄스 차트 1위 등을 기록한 히트곡이었다.
그밖에도 심농은 네네 체리(Neneh Cherry), 디페시 모드(Depeche Mode),
시네이드 오코너(Sinéad O'Connor) 등과 협업한 바 있다.

23. 영국의 DJ 겸 프로듀서. 열여덟에 런던의 클럽 DJ로 스타 자리에
올라 시카고 하우스와 디트로이트 테크노의 전도사 역할을 했다. 그룹
S'익스프레스(S'Express)를 결성해 UK 차트 1위 히트곡을 내기도 했다.
협업한 아티스트의 목록은 프린스(Prince), 이레이슈어(Erasure), 칼
크레이그(Carl Craig), 필립 글래스(Philip Glass)에까지 이른다.

24. 테크닉스는 1965년에 설립된 음향 기기 전문 기업이다. 이 책에는 종종
일본 가전제품 이야기가 등장하는데, 테크닉스도 파나소닉의 브랜드다. 1972년
DJ 업계의 표준이라는 SL-1200 턴테이블을 출시했다. 2019년은 CD를
재생하는 장비인 CDJ를 지나 디지털 음원을 지원하는 디지털 DJ의 시대로
넘어왔고, 파이오니어(Pioneer)와 고집스러운 사람들의 베스탁스(Vestax)가
새로운 표준처럼 부상했다. 그럼에도 바이닐 디제잉의 세계에서 테크닉스의
건재함은 의심의 여지가 없다.

경쟁하는 일에서만큼은 말이다. 그들 또한 황금률을
따라야 한다.

우리 시대의 영국은 젊은이들이 빠져들어
자아를 투영할 법한 하위문화의 흐름을 지속해서
만들어내고 또 재해석하는 데 꽤 좋은 실적을
내왔다. 이런 하위문화 대부분에는 음악이 관여한다.
굶주린 언론은 뭐라도 컬트(cult)가 될 성싶으면
닥치는 대로 주워다 사방에 뿌려대곤 한다. 음악
창작자들은 여기에 홀려 끌려 들어가고 그러면
음악 산업계의 더 답 없는 자들이 이들을 낚아챈다.
창작자가 어떤 소음을 만들어 가져왔더라도 일단
계약만 했다 하면 차트 팝의 황금률에 맞도록
변형하는 공정이 이뤄진다. 이 과정에서 수많은
시행착오와 터무니없는 금액이 소요된다.

이런 사람들이 차트의 상위권에 들고 정상을
바라보면, 같은 하위문화에 속한 사람들은
예리코(Jericho)의 벽[25]이 무너지거나 최소 자기
패거리 친구들이 주류 세계에 두더지처럼 잠입해

---

25. '여리고의 벽'이라고도 한다. 어감에서 느껴지듯이 구약성경에 등장한다.
「여호수아서」에 따르면 이집트 노예 생활에서 탈출한 유대인들은 광야를
방황한 끝에 예리코 성벽을 무너뜨리고 '젖과 꿀이 흐르는' 가나안 땅으로
들어갔다. 물론 하위문화가 풍요로운 주류 음악계의 벽을 무너뜨리는 일은
성경에서처럼 "성 주위를 일곱 번 돌고 나팔을 부는" 방식으로는 이뤄지지 않을
것 같다.

개구멍을 뚫고 있다는 식으로 이해해버린다.
그런데 현실에서 일어난 일은 그와 다르다.
황금률이 적용됐기 때문에 이 새로운 하위문화에
세간의 주목이 어마어마하게 쏠린다. 차트에 오를
만한 음반에 하위문화가 새로운 애티튜드라는
화룡점정이 돼줄 수는 있다. 나무랄 데 없이 좋은
팝 음반이 바로 그 애티튜드 때문에 대중을 더
끌어당길 수도 있다. 하지만 그만큼 많은 사람을
멀어지게 할 수도 있음을 기억해야 한다. 하위문화
애티튜드에 관해서라면 또 한 가지 유용한 팁이
있다. 순혈주의는 버리는 게 나을 수 있다는 것이다.
물을 타라. 설탕을 뿌려라. 앞에서 언급한 토니
제임스(Tony James)[26] 유의 인간 중 누군가는 바로
이걸 이해했다. 누구는 전혀 그렇지 못했다.

물론 이런 논리도 있다. "수요와 취향은
만들어지는 것이다.[27] 팝 음악은 가장 나쁜 사례다.

---

26. 영국의 펑크 밴드 제너레이션 X(Generaion X)의 베이시스트. 제너레이션
X는 1970년대 말 펑크 팬들에게 상당한 미움을 샀는데, 펑크에 팝적인
멜로디를 섞어 '떠 보려고' 한다는 게 그 이유였다. 정말 싱글 차트 진입도 하고
상업적 성과도 제법 올렸으니 말이 씨가 되는 법이다. 제너레이션 X는 앞에서
지은이들이 충고한 것처럼 밴드의 궁극적 운명인 분란과 해체를 맞았고, 이후
제임스는 젠 엑스(Gen X), 시그 시그 스푸트니크(Sigue Sigue Sputnik) 등
다양한 밴드를 거치며 트렌드의 파도를 탔다.

27. 공교롭게도 애플(Apple)의 창업주 스티브 잡스(Steve Jobs)를 떠올리게
하는 말이다. 수요를 따라가기보다 존재하지 않는 듯하던 시장을 창조해냈다고

음악계의 사악한 큰손들이 어린 청소년의 마음과 정신을 조종해 코 묻은 용돈을 뜯어간다." 이런 무가치한 논리를 믿는 건 팝 음악의 영광에 진정으로 감동해본 적 없는 불행한 인간들뿐이다. 그들은 아마 청소년이었던 적도 없을 것이다.

하는데, 아이팟(iPod)과 아이폰(iPhone)으로 디지털 음악 시장을 본격화해 21세기 음악 시장에 새 생명을 불어넣은 것으로 평가받는 건 우리가 모두 아는 사실이다.

레코딩 스튜디오

스튜디오에 관한 이 장을 그냥 넘기지 말 것.
스튜디오를 예약하기 전, 점심시간에 꼭 읽어볼 것.
　　레코딩 스튜디오는 당신의 히트곡 싱글[28]을
녹음할 곳이다. 스코틀랜드 북부에서부터
콘월(Cornwall)[29] 끝자락까지 영국 전역에는
스튜디오 수백 곳이 흩어져 있다.

★ 스튜디오 사장
스튜디오 대부분은 사장이 운영에 매일매일 직접
관여하는 자영업이다. 메이저 음반사의 직영
스튜디오는 많지 않다. 스튜디오 사장들은 대체로
아주 열정적이고, 사람을 격려하는 데 능하며 모든
종류의 음악에 길고 넓고 깊은 애정을 지녔다.
많은 경우 자신도 한때 뮤지션이었지만 공연장을
전전하는 삶을 접고, 좀 더 윤택하고 안정된 사업을
기대하며 스튜디오를 차리기로 결심한 사람들이다.
그들에게는 안된 일이지만, 대개는 일이 뜻대로 되지
않아 막대한 빚더미를 이고 여생을 보낸다.
　　스튜디오 사장은 음악 산업에 대해 아주

28. 11쪽 3번 각주를 참고할 것.
29. 잉글랜드 남서부에 있는 주.

현실적이고 실용적인 관점을 갖게 마련이다. 그는 이미 산전수전을 겪어보고 거친 파도도 타봤다. 제 앞가림 못 하는 여드름 애송이들이 스튜디오에 기어들어 와 겨우 몇 달 뒤 세계적으로 명망 높고 존경받는 뮤지션으로 탈바꿈해 아마존 열대 우림 파괴에서 지역 버스 서비스의 정부 보조금까지 온갖 주제에 관해 목소리를 내달라는 요청을 받으며 코카인 취향을 함양해가는 것도 지켜봤다.

이들 머릿속에 늘 들어 있는 한 가지 사실은, 이용 시간을 손에 쥐고 흔들어대는 스튜디오가 그것에 돈을 내려는 고객보다 훨씬 많다는 것이다. 그래서 스튜디오들 사이에는 고객님, 즉 당신을 모시려는 절박한 경쟁이 벌어진다. 이런 경쟁의 결과 중 하나로, 스튜디오들은 은행에서 허락하는 최대한도까지 빚을 뒤집어쓰며 최신 장비에 투자하게 된다. 이 장비를 보고 혹한 고객님, 즉 당신이 스튜디오를 예약하기를 기대하며 말이다. 장비에는 부차적인 효용도 있다. 의욕 있고 젊으며 앞길도 창창한 전속 엔지니어에게 애사심을 불어넣어, 더 나은 환경을 갖춘 경쟁 스튜디오로 도망가지 않게 하는 일이다. 당장 스튜디오 엔지니어에 관한 이야기에 구미가 당기겠지만, 나머지는 뒤에서 다시 다루겠다.

★ 스튜디오 실장

스튜디오 실장은 (사장과는 다르게) 스튜디오가
매끄럽고 효율적으로 굴러가도록 모든 측면을
보살피는 사람이다. 작은 스튜디오라면 이 역할도
사장이 맡는데, 간혹 사장의 개인 비서가 대부분의
일을 해주는 경우도 있다. 큰 스튜디오라면 대개
업무력 넘치는 여성이 가모장적인 존재감을 끼치며
상시로 구석구석까지 보살피곤 한다.

★ 엔지니어

여기에 일군의 엔지니어들이 대기 중일 텐데,
개중에는 지난 월요일에 취업해 아직 때려치우지
않은 막내도 있고, 수석 엔지니어도 있다. 모든
엔지니어는 차 심부름을 담당하는 막내로
시작하는데, 공식적으로는 '테이프 담당'[30](테이프
레코더를 켜고 끄는 사람)으로 부른다. 간단히 말해

---

30. 그렇다. 이 책은 스튜디오 녹음이 릴 테이프(reel tape)에 이뤄지던
시절에 쓰였다. 카세트테이프와 친숙한 독자라면, 카세트 속에 들어 있는
흑갈색 테이프를 알 것이다. 카세트테이프가 뭔지 모르는 독자라면 적당히
마스킹 테이프 같은 걸 떠올리자. 어쨌든 자성을 띤 테이프에 소리를 녹음하는
방식으로, 테이프가 넓을수록, 녹음하고 재생하는 속도가 빠를수록 더 많은
정보를 안정적으로 담을 수 있었다. 돈을 부은 만큼 음질이 나온다는 뜻이다. 릴
테이프가 차세대 힙 미디어가 될지는 이것과 관계가 있을지도 모른다. 테이프
담당은 테이프를 레코더에 걸고, 다시 빼내고, 주렁주렁 널린 테이프가 있으면
잘 말아 보관하는 등의 업무를 맡는다.

스튜디오 엔지니어의 일이란 뮤지션이 만들어내는
소음을 테이프에 담는 것이다. 큰 스튜디오라면 기술
엔지니어도 있다. 스튜디오 장비가 고장 나면 얼른
다시 작동하게 만드는 게 그의 주 업무이며, 작은
스튜디오에서는 보통 비상근직이다.[31]

★ 스튜디오
스튜디오는 가장 그럴싸해 보이지 않는 동네의 가장
그럴싸해 보이지 않는 건물에 있다. 모든 스튜디오가
최대한 많은 고객을 유치하고 싶어 하지만, 그렇다고
문을 따고 들어와 몇천 파운드어치의 장비를
가져갈지도 모르는 동네 불량배들의 눈에 띄는 건
사절이다.
　　스튜디오를 분류하는 가장 간단한 기준은
설비된 테이프 녹음기의 총 트랙 수다. 4, 8, 16, 24,
32, 48트랙 스튜디오도 있다. 요즘 4, 8, 16트랙은
데모를 만들 때만 사용하는데, 데모는 이미 과거의

---

31. 현대의 스튜디오는 컴퓨터 기반 시스템이 대부분이라 컴퓨터와 관련한
문제도 자주 발생한다. 그래서 수많은 프로듀서와 엔지니어는 컴퓨터 덕후
수준이 되거나 혹은 "매킨토시를 쓰면 그런 일 없어."라는 말을 입에 달고
다닌다. 물론 장비나 배선에 문제가 생기는 일은 여전히 있는데 2019년
한국에서는 대형 스튜디오라도 기술 엔지니어를 따로 두고 있는 경우는 거의
없다. 보통 장비의 국내 디스트리뷰터에 기술 인력이 있어서 도와주는 편이다.

유물이다. 『서전트 페퍼(Sergeant Pepper)』[32]가
4트랙으로 녹음됐다며 당신을 놀라게 하려는
엔지니어들은 어디에나 있다. 물론 대피라미드를
짓는 데 JCB 크레인을 동원하지 않았다는
사실만큼이나 상대적인 이야기지만.

1차 녹음에는 24트랙이 필요할 것이다. 32트랙
스튜디오는 아직 드무니까. 48트랙은 24트랙을 두
대 싱크한 것이다. 당신의 미래의 히트곡을 최종
믹싱하는 단계에서는 이런 게 필요할 수도 있다.[33]

24트랙이란 당신의 엔지니어가 잡은 멀티
트랙 테이프 녹음기에 스물네 개의 트랙이 있다는
뜻이다. 즉, 따로따로 녹음한 개별적인 사운드
스물네 가지를 한꺼번에 올릴 수 있게 된다. 믹싱

---

32. 비틀스의 1967년작 『서전트 페퍼 론리 하트 클럽 밴드(Sgt. Pepper's
Lonely Hearts Club Band)』 앨범. 미국을 침공하고 돌아온 '예수보다 유명한'
밴드 비틀스가 실험적이고 심오한 밴드로 변신한 바로 그 앨범. 4트랙으로
녹음했다는 이야기는 사실이지만, 역사상 가장 성공적인 밴드가 거의 무제한의
예산과 시간을 쏟으며 애비 로드(Abbey Road)의 엔지니어들과 녹음했다는
것도 사실이다. 그러니 4트랙이라고 해서 다 같은 4트랙이 아니다. 물론 지금
애비 로드 스튜디오의 장비만큼은 디지털로 복각돼 비교적 저렴하게 맛볼 수도
있다.

33. 2019년 현재 컴퓨터에서 사용할 수 있는 트랙의 수는 '컴퓨터 사양이
받쳐주는 만큼'이다. 이제 세 자릿수 트랙을 사용하는 일은 아주 흔하다. 트랙
수의 제약이 거의 없다는 건, 바꿔 말해 반드시 필요하지 않다면 적은 트랙을
사용해도 좋은 곡을 만들 수 있다는 뜻이기도 하다. 음악 작업에 흔히 사용하는
소프트웨어인 프로툴스(Protools)의 무료 버전은 16트랙을 사용할 수 있다.

단계에서는 개별적인 사운드가 끊김 없이 믹싱
콘솔로 흘러 들어가 하나로 합쳐지며 (가능하다면)
사운드도 개선돼 다시 흘러나가 2트랙(스테레오)[34]
테이프 녹음기에 녹음된다. 그 결과물이 바로 마스터
테이프다.

스튜디오를 분류하는 또 다른 방법은 콘솔에
컴퓨터가 탑재됐는지 여부다. 1차 녹음에는 수동
콘솔만 있으면 된다. 컴퓨터 콘솔은 녹음이 믹싱
단계에 들어서서 엔지니어가 최소 스물네 가지
트랙으로 끊임없이 저글링 묘기를 부려야 할 때
사용된다. 컴퓨터는 엔지니어에게 손 스물네 개와
완벽한 기억력[35] 스물네 개를 더해주며, 이는 이
첨단 기술의 시대에 주어진 분명한 혜택이다.

가장 보편적인 컴퓨터 제어식 콘솔 제조사인

---

34. 스테레오의 개념은 왼쪽 스피커와 오른쪽 스피커에서 서로 다른 소리가
나는 것이다. 이를 통해 소리의 입체감을 구현한다. 따라서 왼쪽으로 나갈
소리와 오른쪽으로 나갈 소리 각각 1트랙이 필요하며, 그래서 '2트랙'이다.
반대말은 1트랙만 사용하는 모노(mono).
35. SSL 콘솔의 기능 중 하나인 '토탈 리콜(Total Recall)'을 가리킨다. 콘솔
위의 모든 세팅을 전압값으로 저장했다가 한꺼번에 다시 불러오는 기능이다.
지금은 컴퓨터에서 컨트롤 + S(매킨토시에서는 커맨드 + S)를 누르는 것으로
간단히 구현되지만, 이마저 제때 누르지 않아 밤샘 작업물을 날리고 새벽부터
술을 찾는 음악가가 많다. 이런 심각한 사회 문제를 해결하기 위해 현재 컴퓨터
기반 음악 작업 시스템 대부분은 자동 저장 기능을 지원한다.

솔리드 스테이트 로직(Solid State Logic, SSL)[36]
제품만은 고집할 만한 가치가 있다. 하지만 빠르게
변하는 스튜디오 장비의 세계에서 이 모든 게 달라질
수 있다. 어쨌든 지금부터 모든 컴퓨터 콘솔은
'SSL'로 칭하겠다. 스카치테이프나 봉고차 같은
개념으로 이해하면 된다.

　　전통적 의미의 녹음 스튜디오는 이렇게
구성된다. 컨트롤 룸은 믹싱 콘솔, 테이프 녹음기,
아웃 보드 장비,[37] 엔지니어, 프로듀서가 들어가 있는
곳이고, 레코딩 룸은 라이브 사운드를 죽이거나 혹은

36. 1969년에 창업한 영국의 오디오 전문 기업. 스튜디오나 방송국에서
사용하는 대형 믹싱 콘솔을 주력 상품으로 명성을 떨쳐왔다. 특히 1970년대
말부터 판매된 4000 시리즈는 아날로그 콘솔의 명품으로 불리며 지금도
수천만 원대에 거래된다. SSL 콘솔에 딸린 모듈 하나하나마저 유명해
이들의 작동 방식을 본딴 플러그인 소프트웨어도 다양하게 출시된다. SSL
또한 자체적으로 플러그인 사업도 벌인다. 본문에서 예언하듯 빠르게 변하는
세계에서 SSL의 위상도 달라졌다. 현재 컴퓨터 음악을 하는 이들 사이에서
SSL은 주로 이런 식으로 입에 오르내린다. "왜 내 사운드는 구리지?" "SSL이
없어서인가 봐." "저 사람은 대체 무슨 약을 하고 저런 사운드를 뽑았지?"
"SSL을 썼겠지."
37. 원래는 믹싱 콘솔 바깥에 연결하는 장비를 통칭한다. 각종 이펙터 등이
해당된다. 현재는 컴퓨터 소프트웨어로 대부분의 작업을 진행하다 보니 별도의
외장 이펙터 등을 부르는 표현으로 많이 사용한다. 일부 음악인들은 왠지
사운드가 마음에 들지 않고 작업 진도가 안 나간다 싶을 때마다 아웃 보드가
없어서가 아닐까 생각하며 남은 카드 할부금을 계산하는 의식을 치르곤 한다.
음악 소프트웨어가 발전하는 과정에서 한때 외장 장비에 비해 음향적 만듦새가
부족했던 탓이다.

죽은 사운드를 살리는 이상한 물건으로 가득하다.
전통적 의미의 뮤지션이 연주를 하는 게 이곳이다.
또한 휴게실에는 TV, 당구대, 오락기 등이 있어서
전통적 의미의 뮤지션에게 즐거운 여가를 제공한다.
전통적 의미의 프로듀서가 주문을 외워 마법을
부리는 동안 전통적 의미의 뮤지션이 편집증적으로
들러붙는 일을 막아주기 위해서다.

　　당신의 경우 모든 일은 컨트롤 룸에서 벌어질
것이다. 앞의 시나리오는 거의 민속촌급이긴 하지만,
이에 관해서는 뒤에 나올 「24트랙 스튜디오에서
닷새를」에서 더 자세히 다룬다.

　　사업적으로 성공한 스튜디오는 규모를 확장해
여러 스튜디오를 거느린다. 이들이 제공하는
서비스는 4트랙에서 48트랙까지, SSL이냐 수동
콘솔이냐 등에 따라 다양하게 나뉘고, 요즘은 시대가
시대다 보니 4, 8, 16트랙 데모 스튜디오를 대체할
컴퓨터 프로그래밍 환경도 있다.

　　레코딩 스튜디오에서 부과하는 (즉, 당신이
돈을 내야 할) 요율은 스튜디오마다 다를 수
있다. 스튜디오의 세계에서 요율의 표준은 시간당
요금[38]이다. 24트랙이라면 시간당 20파운드에서

---

38. 한국에서는 전통적으로 '프로'라는 단위를 사용한다. ('한두세…'로 센다.)
'한 프로'는 3시간 반인데, 인정 많은 스튜디오의 경우는 '반 프로'를 사용하고

150파운드까지 들 수 있다.

일이 그렇게 간단하다면 얼마나 좋겠나.
스튜디오 실장이 세상 앞에 자신의 가치를 증명하는
유일한 방법은 자기 책상 위 벽에 붙어 있는 월간
계획표상의 탐스러운 공간 위에 세션 예약을
뜻하는 파랑, 노랑, 빨강, 초록 시트지를 빼곡하게
붙여나가는 일이다. (스튜디오 실장이 새 직장을
찾을 때면 전년도의 빽빽한 계획표를 이력서 삼아
들고 돌아다닌다.) 이건 당신에게 잘된 일이다.
스튜디오 실장이 계획표에 색색 스티커가 붙지 않은
날이라고는 하루도 남겨놓지 않으려고 당신에게
온갖 특별 옵션을 제시하려 할 테니 말이다.

계약 옵션은 다음과 같다.

1. 초심자 할인. 당연히 당신에게 해당하는
   옵션이다.
2. 다운 타임. 다른 고객이 작업을 마친 뒤(보통
   새벽 2시) 다시 시작할 때까지(보통 오전 10시)
   틈새 시간이다.
3. 장기 예약 할인. 고객이 정규 앨범을 녹음하기

사용료를 적게 내게 해주는 경우도 있기는 하다. 왜 이런 희한하고 애매한
단위가 표준이 됐는지는 알기 어렵지만 미국인들이 인치와 마일을 사용하는
것과 비슷하다고 생각해버리자.

위해 한 달 이상 예약할 때만 해당한다.

4. 취소 타임. 고객이 막판에 예약을 취소하는
   바람에 스튜디오가 어떻게든 팔아치우려고
   혈안이 된 경우다.

5. 단골 할인. 당신에게는 해당 사항이 없지만
   참고만 해라. 같은 스튜디오를 세 번 사용하면,
   그때는 이 옵션을 택하는 게 좋다.

6. 전세 예약. 당신이 스튜디오에서 하루에
   열 시간만 작업한다 해도 스튜디오가 남은
   열네 시간의 다운 타임을 다른 고객에게
   팔지 못하도록 하는 계약이다. 대개의 전세
   예약은 열두 시간 이용하는 요금을 기준으로
   책정된다. 그러니 열여섯 시간 연속으로
   작업할 작정이라면 네 시간을 공짜로 이용하는
   셈이다.[39]

시간당 스튜디오 사용료가 높으면 높을수록
장비가 잘 갖춰진 삐까뻔쩍한 곳일 것이다. 하지만

[39]. 2019년 현재 한국에서는 비공식적인 단골 할인 외에 특별한 할인 옵션을
둔 스튜디오는 드물다. 다만 과거에는 정규 앨범을 녹음과 믹싱까지 모두 한
곳에서 (전문용어로 '한 따블 통으로') 할 경우 꽤 할인을 해줬다. 이 전통의
잔재인지 지금은 싱글이라도 이 책에서처럼 녹음과 믹싱까지 한 곳에서
처리하겠다고 하면 조금은 깎아준다. 그러니 "학생이라서요."나 "차비라도
빼주셔야죠."를 남용할 생각은 접어두자.

당신에게 이런 스튜디오는 필요 없다. 값비싼 스튜디오는 메이저 음반사들이 자신의 메이저(또는 곧 메이저가 될) 아티스트를 집어넣기 위해 있는 것이다. 세계적 수준의 걸작이 완성될 때까지 스튜디오의 인테리어와 편의시설이 아티스트의 자의식과 위신에 거슬리는 일 없이 얼마든지 시간을 낭비하기 위한 그런 곳들이다. 이런 업체나 그곳의 엔지니어들은 제작비가 최소 15만 파운드[40]는 되는 정규 앨범이 아니면 거들떠보지도 않는다. 1위에 올라 모두를 경악하게 할 당신의 깜찍하고 시건방진 음반은 안중에도 없다. 당신이 찾아야 할 곳은 적당한 가격대에 설비가 온전하게 붙어 있고, 관계자 모두 당신만큼이나 배고프고 자기들도 해낼 수 있다고 증명해내려는 열정으로 가득한 그런 스튜디오다.

히트곡이 되려면 인디 쓰레기 사운드여서는 안 되지만, 또한 제작비가 100만 파운드는 든 1위 정규 앨범같이 돈 바른 태가 날 필요도 없다.

---

40. 2019년 환율 기준으로 약 2억 2500만 원 정도.

월요일 오후: 스튜디오 예약

스튜디오는 수동(SSL이 아닌) 콘솔과 24트랙을
갖춘 곳에, 가능하다면 돌아오는 월요일부터 5일
연속 전세로 예약해야 한다. 가까운 스튜디오를
찾아내려면 전화번호부에서 '레코딩 서비스/
사운드' 란을 보면 된다.[41] 24트랙인지 아닌지는
홍보문만 읽어봐도 쉽게 알 수 있다. 혹시 사는
동네에 스튜디오가 없다면 도서관에 가서 전국
전화번호부를 살펴보자. 이웃 지역의 스튜디오를
찾아 노트에 이름을 적어둬라. 결국 사용하게 될
스튜디오가 매일 왕복하기에 너무 멀더라도 그건
문제가 안 된다. 모름지기 스튜디오라면 숙박을
알아봐주는 일도 계약의 일부로 얼마든지 해주는
법이다.

　　전화를 걸기 전에 몇 가지만 숙지하자.

1.　기본요금으로 시간당 40파운드(부가가치세

---

41. 2019년 현재 한국에서는 대형 포털 사이트가 제공하는 지도 서비스에서
'녹음실'을 검색할 수 있다. ('스튜디오'로 검색하면 사진 스튜디오가 많이
나오므로 주의하자.) 단, 녹음실로 분류된 업체가 매우 다양한 탓에 연습실이나
합주실 등 사실상 녹음 설비가 제대로 갖춰지지 않은 곳까지 검색 결과에
포함되기도 한다. 전화를 해보거나 발품을 팔아도 좋고, 한국의 미풍양속에
따라 관련 인터넷 커뮤니티에서 추천받는 방법도 있다.

별도)[42] 이상은 내지 않는다.

2. 가능한 한 최고의 엔지니어가 옵션으로 포함돼
    있는지 확인한다.

3. 녹음에 사용하는 테이프나 세션에서 특별히
    사용하는 장비가 있다면, 별도로 요금이
    붙는다는 것에 주의한다. 이 경우에 대한 요금도
    알아둬라.

흡연자라면 담배 한 대 피우면서[43] 송수화기를 들고
번호를 돌려라. 스튜디오 실장을 바꿔달라고 해라.
미리 알아둬라. 웬만하면 자리에 없다고 하겠지만
이건 잠재적 고객인 당신에게 뭔가 있어 보이기
위해서다. 아무도 '개뿔도 모르는 머저리가 어디서
전화질이야?'라고 생각하지 않는다. 오히려 당신이
자신들을 머저리들로 여기고 라이벌 스튜디오에
예약할까 봐 두려움에 떨 것이다. 일단 당신과 당신
레이블의 이름을 남기고 우리가 이미 알려준 사항을
참고해 첫 계약을 진행한다.

42. 2019년 현재 환율 기준으로 약 6만 1,000원에 해당한다. 2019년 서울
기준으로, 제대로 된 스튜디오라면 이보다 비싼 곳이 얼마든지 있다. 하지만
홈레코딩 장비 보급에 힘입어 이보다 더 싼 스튜디오도 수두룩하다.
43. 국민건강증진법 및 소방안전법령에 위배되지 않도록 한다. 금연 상담
전화번호는 1544-9030.

필요한 시설이 다 있는지 확인하면
스튜디오에서는 비는 시간대나 날짜에 당신을 쑤셔
넣으려 할 것이다. 무조건 버텨라. 당신은 다음 주
월요일부터 깔끔하게 연속 5일을 예약해야 하고, 이
스튜디오 최고의 엔지니어를 잡아야 한다. 조건이
안 맞거나 다른 고객 예약을 돌려서라도 당신에게
맞춰주지 못한다면 다른 데를 알아보겠다고 해라.
적게는 1,000파운드에서 많게는 10만 파운드까지
챙길 수 있는 계약을 다른 스튜디오에 뺏길 수도
있다고 생각하면 그들은 초조해질 것이다. 그러니
5일간이 가능하긴 한데 10일(또는 그들이 말하는
아무 날짜)부터는 안 된다고 하면 일단 적어놔
달라고 하고(가예약을 해달라는 뜻이다.), 이틀
뒤 다시 전화하겠다고 해라. 최근에 어떤 고객이
있었는지 등 약간 잡담을 나누는 것도 괜찮다.
이 스튜디오에서 녹음한 히트곡이 있는지 등을
물어봐라. 이 스튜디오가 업계에서 어느 정도의
위치에 있는지 파악하는 데 도움이 된다.[44] 그리고
다른 스튜디오에 전화해 같은 과정을 반복한다.

---

44. 직접 스튜디오에 가보면 그곳을 다녀간 유명 뮤지션의 사진이나 사인이 걸려 있는 경우도 많다. 물론 왠지 제2의 인생을 찾아 나선 사람의 얼굴로 색소폰을 든 50대 아저씨 사진만 있을 수도 있다. 너무 편견을 가질 필요는 없을지도 모른다.

사는 지역(이나 인근) 스튜디오를 다 훑고,
주전자 물도 끓으면 화장실에 다녀와 차(원한다면
커피라도)를 한 잔 마신다. 다음 단계는 모 아니면 도
하는 식의 간단한 문제가 아니니까.

지금 마시는 차 한 잔에서 1위 곡을
달성하기까지 많은 사람과 엮이며 그들에게 많은
걸 배우게 될 것이다. 스튜디오 막내든 「톱 오브
더 팝스」 출연차 방송국에 갔다가 마주친 세계적
슈퍼스타든 음악계라는 게임에 얽힌 사람이라면
누구든 제 나름의 인사이트나 시각이 있다. 사람들의
말을 들어보되 어떤 것도 복음처럼 받아들이진
마라. 이 세계가 어떻게 돌아가는지 당신만의 그림을
그려나가야 할 것이다.

어떤 식으로든 성공한 사람들을 실제로
만나보면 깊은 감명을 받는 것도 당연지사다.
스튜디오 막내보다야 그들의 말에 더 믿음이 갈
것이다. 하지만 그들도 자기가 어떻게 성공했는지,
이제부터 어떻게 해야 커리어의 추락을 막을
수 있는지, 사실 별생각이 없다는 건 알아둬라.
겉으로는 자신감이 넘쳐 보일지 몰라도 그 밑에
도사리는 건 고작 몇 번 운이 좋았던 돌팔이에
불과한 진짜 모습을 들킬지도 모른다는 중증
편집증이다. 이런 사람을 포함해 앞으로 만날 모든

사람을 대할 때는 그들이 당신과 한 팀이라고,
또한 당신이 그들의 의견과 손길을 존중한다고
느끼게 해주자. 누군가의 성공 가도에 함께하는 건
누구에게든 기분 좋은 일이다. 그걸 느끼게 해주는
건 당신 몫이다. 입만 산 아첨쟁이가 되라는 건
아니다. 당신 프로젝트가 성공하려면 이 모든 사람의
열정과 선의가 필수 불가결하다. 그런 사람들은
존중을 받아 마땅하다.

　　때로는 당신이 평소 생각하던 것에 거스르는
이야기나 충고를 들을 일도 있을 것이다. "까라고 해!
다 생각이 있다니까!" 같은 말이 목구멍까지 올라올
수도 있다. 생각이 다르다고 다짜고짜 힐난을 퍼붓지
말고 잘 걸러 들어라. 지나치게 되새기거나 완벽하게
논리적으로 이해하려 하지도 마라. 조금 삭이다 보면
직감을 따르더라도 조금은 더 균형이 잡혀 있을
것이다.

　　철부지처럼 '비타협' 실드 뒤에 숨으려 하지
마라. 타협하지 말아야 할 건 한 가지뿐이다. 「톱
오브 더 팝스」의 금메달.

　　결정을 내릴 수 있는 사람은 오직 당신뿐이다.
남이 대신해주기를 바라지 마라. 일이 잘못됐을 때
최종적으로 책임질 사람은 당신뿐임을 잊지 마라.

　　차를 다 마시고 창밖도 내다봤으면 (세상이

아직 멀쩡히 굴러가는지 보자.) 사용 가능한
스튜디오 중 어디로 갈지 결정해야 한다. 가장
이른 날짜부터 연속 5일을 싸게 제공해준다고 덜컥
물어선 안 된다. 실장의 목소리에서 어떤 좋은
기운과 균형이 느껴져야 한다. 이해심이 있는 것
같은 사람, 당신 편이 돼줄 것 같은 사람 말이다.
결정했다면 다시 전화해 예약을 확정하자. 오후
3시가 넘었다면 스튜디오 예약도 했겠다 라디오 1을
틀고 「스티브 라이트 인 디 애프터눈(Steve Wright
In The Afternoon)」[45]을 듣자. 어떤 각도에서
보면 스티브 라이트[46]는 천재다. 그 정확한 각도는

---

45. 1981년 BBC 라디오 1에서 시작된 프로그램. 한동안 중단됐다가 1999년
라디오 2로 옮겨 지금까지 계속되고 있으며 채널 인기도 최상위권을 늘
유지하고 있다. 세 시간(이 책의 배경이 된 1980년대에는 두 시간 반) 동안
펼쳐지는 예능적인 감각의 종합 토크 프로그램이라고 보면 된다. 굳이 비교하면
「배철수의 음악캠프」보다는 「여성시대」나 「싱글벙글쇼」에 가까울수도 있다.
화제의 인물을 초대해 이야기를 나누기도 하고 청취자와 대화를 하기도
한다. 성대모사를 비롯한 코미디 쇼의 요소가 강하게 들어 있으며 이를
위해 고정적으로 등장하는 캐릭터들도 있다. 2019년 현재 BBC 라디오 2
웹사이트(https://www.bbc.co.uk/programmes/b006wr4r)에서 무료로
들을 수 있다.

46. 영국의 방송인. 대중문화에 관한 풍부한 지식과 깊은 이해, 넘치는
익살로 청취자에게 꾸준한 사랑을 받아왔다. 라디오 경력은 1976년까지
거슬러 올라가는데, 라디오 자체를 정말 좋아하는 사람이라고 한다. 심지어
여행지에서도 며칠 동안 호텔 방에 틀어박혀 지역 라디오만 들을 정도라고.
그밖에도, 다름 아닌 「톱 오브 더 팝스」의 사회도 자주 맡았다.

직접 찾아내보자. 국내에서 가장 인기 있는 DJ다.
1985년부터 영국인의 정신세계에서 심장 박동을
담당한 사람이다. 꼭 마음에 들지 않을 수 있지만,
그래도 경탄할 만한 구석이 있다.

앞 문단은 괜히 비꼬려고 하는 이야기가 아니라
진심이다. 그 각도가 안 보인다면 안타깝게도 당신은
이 책을 사는 데 15,000원을 낭비한 꼴이다.

오후의 남은 시간은 머리가 돌아갈 만한 적당한
일을 하면서 보낸다. 버스를 타고 시내에 다녀오거나
공터를 누비거나 고속도로에서 기름을 태우거나
순환선을 타고 두 시간을 돌거나 (어쨌든 뭐라도
하면서) 두 가지 문제를 곰곰이 고민한다. 돈, 그리고
그룹명.

확 느낌이 오는 그룹명이 있다. 너무 장황하거나
똑똑한 척하는 것 말고, 우리가 사는 시대에 꼭
어울리는 이름이어야 한다. 너무 고심하지 말고,
아무거나 떠올려라. 또 다른 주제인 돈에 관해서는
다음 장을 할애해뒀다.

돈

돈이란 무척 이상한 개념이다. 당신은 앞으로 몇 달 동안 전화 너머로 수만 파운드를 이야기하면서도 당장 주머니에는 시내에 나갈 버스비 몇 푼이 없을지 모른다. 이어질 이야기가 모순처럼 보일 수도 있겠지만, 돈 문제에 관해서 만큼은 종종 실제로 그렇다. 앞에서 말했듯 실업급여[47] 신세가 되면 세상이 돌아가는 방식이 더 선명해진다. 그렇다고 돈이 어떻게 돌아가는지 선명하게 알기는 어렵다.

실업급여 신세로 시간을 보내다 보면 경제적 수준에 자신을 맞춘 뒤 체념하면서 적응할 수도 있고, 그렇지 않으면 점점 삶이 무너져내리기도 한다. 집세가 밀리기 시작한다. 전기요금도 못 낸다. 가스를 끊어버리겠다는 협박을 받는다. 이런 일을 마주하면 현대 사회가 개인을, 특히 당신을 망가뜨리는 쪽으로 굴러간다는 망상이 솟구친다. 이에 대해 1980년대 후반인 지금 시대의 사람들은 하나같이 이런 깨달음을 얻는다. 유일한 탈출구는

47. 한국에서는 이전 직장에서 180일 이상 고용보험에 가입된 적이 있고 비자발적으로 퇴사(단, 불가피한 것으로 인정되는 이직 사유가 있다.)했으며 또한 재취업을 위한 노력을 적극적으로 하는 사람을 대상으로 한다. 자세한 내용은 고용노동부 고용보험 웹사이트를 참고할 것.

벼락부자가 되는 것뿐이라고. 엄청난 돈을, 그것도
아주 빨리 벌어들이는 환상에 젖는 것이다. 남보다
현명한 한 수를 두거나 꼭 맞는 열쇠 하나를
찾아내거나 딱 필요한 인맥을 쌓거나 있는 그대로
멋진 당신을 세상이 알아보거나. 세상 모든 게 이런
환상에 기름을 끼얹는다.

　　도박에 승자는 없다. 한탕이란 건 없다. 누구도
벼락부자가 될 수는 없다. 엘도라도는 찾을 수 없다.
부(富)라는 건 천천히 쌓아가는 인생의 태도다. '티끌
모아 태산'이라는 옛말은 슬프게도 언제나 진실이다.
그걸 전제로 이야기하면 모험을 해야 한다. 당신이
이제껏 해보지 못한 게 모험이요, 당신이 할 수
있는 유일한 것도 모험이다. 모험 없이는 아무 일도
일어나지 않는다.

　　우리가 앞에서 한탕 같은 건 없다고 말한 건
영원히 사춘기인 팝 스타들이 방금 '이렇게나 큰'
계약을 따내고, 이번 미국 투어에서 '이렇게나 많이'
벌어들였다는 식의 이야기가 사방에 홍수처럼
넘쳐나기 때문이다. 첫째, 언급되는 액수는
(사실이라면) 늘 매출에 해당하며 필수적인 비용을
계산하고 남은 액수가 아니다. 둘째, 이런 스타들은
우리가 소문으로 들은 금액에 걸맞은 생활이라는
유혹을 (때로는 압박마저) 받는다. 그런 대박을

유지하거나 일정한 간격으로 반복할 수 있는 게
아니라면 금세 빈털터리로 돌아온다. 유감이지만,
집세가 밀리고 전기세도 못 내며 사악한 사회에 대한
망상을 품었던 실업급여 신세 사람들이 갑작스럽게
부를 이룩하면, 눈 깜짝할 사이에 허리가 휠만큼
세금이 밀리기도 하고 돈은 다 쓴지 한참인데
매니저가 지분을 요구해오기도 하며 사회에 가졌던
망상 대신 성공 가도에서 온 세상이 자신을 벗겨
먹었다는 망상이 들어서기도 하는 법이다. 옛말과
달리 돈은 악의 근원이 아니다. 우리는 악의 근원이
무엇인지 정확히 알고 있다. 그 부분은 우리가 향후
쓸 다른 책에서 설명할 것이다. 지금 답을 알려주면
당신은 히트곡이고 뭐고 관심이 뚝 떨어질 테니까.

돈에 관한 이번 장이 히트곡 제조라는 목적에
직접적이면서 실용적으로 보탬은 안 되겠지만
당신에게 있었을지 모를 환상을 떨쳐버리는 데는
얼마간 도움이 될 것이다.

은행: 아주 실질적인 기능을 중심으로

훗날 우리 시대는 은행이 젊은 신규 고객의 충성도를
얻어내기 위해 전례와 터무니없이 경쟁해대던
시절로 기록될 것이다. 미래의 역사학자들이 은행
광고만 보고 1980년대 영국 젊은이들이 어땠는지
연구한다면, 인류가 에덴동산에서 쫓겨난 이래
당신만큼 얌체 같은 인간도 없는 줄 알 것이다.

그러니 은행이나 금융권 광고를 마주한다면
부디 잊어버려라. 그렇다손 쳐도 일단 계좌는
어쩔 수 없이 열어야 할 테고, 은행과 좋은 관계를
유지할수록 일에 도움이 될 것이다. 은행과 우리의
관계는 언제나 아수라장이었다.

은행은 돈을 빌려줌으로써 돈을 번다. 더 많이
빌려줄수록 더 많이 번다. 은행은 고객님, 즉 우리가
은행이 주는 헛된 안정감에 평생 중독되기를 바란다.
은행원은 우리가 돈을 빌리도록 새로운 방식을
궁리해내는 데 도가 튼 사람들이다. 우선 그들은
부동산으로 끌어들인다. "내 집 마련하셔야죠!"
부동산을 담보로 잡으면 더 많은 돈을 빌려줄 수
있기 때문이다. 혹시 일이 뭔가 심각하게 잘못돼
이자를 제때 지불할 수 없게 되기라도 하면 은행은
언제든 당신을 집에서 쫓아낸 다음 그걸로 돈을

회수하면 그만이다.

물론 조금이라도 융자금을 줄여보려는
과정에서 너무 많은 가구가 거리로 나앉거나 너무
많은 사업체가 문을 닫아버리면 은행도 입장이
곤란해진다. 그러니 이전에 받은 대출에 대한
이자를 갚을 수 있도록 다시 대출해주는 쪽을
선호하게 마련이다. 중절모와 우산에 스트라이프
정장을 입은 은행가의 이미지를 언제든 "네!" 또는
"응!"이라고 말해줄 만한 편안하고 정감 있는 친구로
바꿔보려고 은행들은 지난 몇 년 동안 막대한 돈을
써댔다. 사람들에게 잘해주고 싶어서가 아니라
은행에서 돈을 더 빌리도록 유혹하기 위한 것이었다.
잊지 마라. 은행에서 당신이 마주하고 앉은 자는
약장수다. 그가 파는 건 세상에서 가장 중독성
강하고 또한 순수한 마약, 즉 돈이다.

어쩌다 부동산이 좀 있다면 (또는 당신의
헛바람을 받아주며 담보를 제공해줄 정도로 멍청한
가족이 있다면) 불리한 게임이다. 당신이 호구의
의자에 앉을 때 자산 매니저는 안정의 냄새를 맡을
것이기 때문이다. 그는 최근 제너시스(Genesis)[48]

---

48. 영국의 한 사립 고등학교에서 결성된 프로그레시브 록 밴드. 포크 성향이
강했던 데뷔 초에는 이름 탓인지 음반 매장의 CCM 섹션에 진열됐을 뿐
별다른 반향을 얻지 못했다. '대학이나 갈까?' 하던 차에 점차 성공을 거두기

CD를 샀다느니, 겉으로는 절대 그렇게 안 보이지만 자신도 한때 펑크에 빠졌으며 지금도 더 댐드(The Damned)⁴⁹의 『니트 니트 니트(Neat Neat Neat)』 싱글을 소중히 간직하고 있다느니 하는 이야기를 끝없이 늘어놓으며 당신의 손목 혈관에 빨대 꽂을 기회를 노릴 것이다.

그러니 은행에 갈 때는 그냥 무일푼에 막장 신세인 게 최선이다. 물론 대출을 신청하는 것도 무의미하다. 입장을 바꿔놓고 생각해보자. 은행 광고에 나오는 사람들하고는 세상 동떨어지게 생긴 이상한 철부지가 들어오더니 대뜸 히트곡을 만들 거라면서 보증도 없이 2만 파운드를 빌려달라는 얼빠진 소리를 한다. 당신이라면 어떻게 하겠나? 게다가 이 친구가 타임로드가 쓴 책을 휘둘러대기 시작하기라도 한다면, 그만하면 할 만큼 했으니까 얼른 가서 책이나 환불받고 청년 취업 훈련에

시작했다. 복잡다단한 편곡이나 시적인 가사를 선보였고 특히 팝적인 감각으로 두각을 드러냈다. 제너시스를 좋아하는 사람들은 대체로 "네가 생각하는 그런 프로그레시브 록이 아니니까 한번 들어봐."라고 말하곤 한다. 필 콜린스(Phil Collins), 피터 가브리엘(Peter Gabriel) 등 올드 팝 팬들의 눈시울을 붉힐 이름들이 배출되기도 했다.

49. 1970년대 말에 결성된 영국의 펑크 밴드. 1980년대부터는 뱀파이어 분장과 암울한 목소리, 종교적이고 음험한 테마 등으로 큰 반향을 일으켰다. 특히 고스(Goth)족에게 큰 영감을 발휘했다. 창세기를 뜻하는 '제너시스'도 그렇고, 본문에 등장하는 은행원은 아무래도 좀 수상하다.

빈자리는 없는지나 찾아보라고 조언하지 않겠는가.

맨 앞에서 말했듯 사람이 돈이 없으면 날카로워지게 마련이다. 한 번이라도 삐끗하면 끝장이기 때문이다. 게다가 추락할 때 받아줄 안전망 같은 건 없다.

은행에 계좌가 있다면 매니저나 그의 부사수에게 상담 예약을 해라. 계좌가 없다면 아무 은행의 아무 지점이나 들어간다. 전국 5대 은행 중 하나이기만 하면 사는 곳에서 제일 가까운 곳으로 고르면 된다. 당좌예금 계좌를 열고 상담 예약을 잡는다. 월요일 오후에 집 밖에 나간 김에 처리해라. 상담은 그 주중 적당한 날짜에 잡힐 것이다. 작은 인디 음반 레이블을 만들려고 한다고만 말해라. 거창한 계획은 아직 없고, 그냥 싱글 한 장 내서 반응을 한 번 보려고 한다고 해라. 그래서 돈이 들어오기 전에 수표를 써서 보낼 일이 두어번 있을 것 같다고만 해줘라. 대단할 건 없다. 미리 알려만 두는 것이다. 가장 중요한 건 매니저와 안면을 트는 것이다. 앞으로 몇 주 동안 일어나는 일과 관련해 연락이 닿도록 해두기만 한다.

약장수 기질로 살아가고는 있지만, 은행가에게는 늙은 암탉 같은 마음도 있다. 그에게 소규모 사업자의 통장은 귀여운 병아리 같아서 그는 병아리 때가 조금씩 자라나는 걸 기쁘게 지켜본다.
그런 사람에게 세계를 정복할 계획이 있다는
소리를 해대면 당신이 어떤 결과를 가져오더라도
그는 실망할 수밖에 없다. 병아리 시절부터 곁에서
함께했다는 기분을 느끼게 해줘야 한다. 그래야
나중에 그에게 제대로 도움을 받을 수 있다. 당장
주말까지 1만 7,000파운드를 대야 하는데, 다음 달
초까지 어디서도 돈이 들어올 기미는 안 보이는 바로
그런 때 말이다.

월요일 저녁

월요일 저녁은 친구네 집에서 보낸다. 혹시 빌릴
만한 음반이 있는지 본다. 그보다 중요한 건 당신
작업에 관해 이야기하고, 그에게 쓸 만한 좋은
아이디어가 있는지 보는 것이다. 잘 알려지지 않은
사실이지만, 사람들 대부분은 기발한 아이디어를
내는 데 천재적이다. 당신 친구도 그중 하나다.
그들은 단지 자신의 빛나는 창의력을 현실로 옮겨낼
엄두를 못 낼 뿐이다. 이들이 도전하지 않는 이유를
모으면 도서관 두 채 정도는 어렵지 않게 채울 수
있다. 엄마한테 처음 "안돼!"라는 말을 들은 기억과
관계있지 않을까?

밤이 되면, 잊지 말고 아침 8시에 알람을
맞춘다. 할 일이 있다면 자기 전에 하고, 그룹명으로
떠오르는 게 없는지 생각해보라. (친구들은 그룹명의
훌륭한 공급원이기도 하다.)

화요일 아침

팝 음악의 역사는 무명 신세에서 뛰쳐나와 정상에
오른 별별 희한한 사람들로 점철돼 있다. 이제껏 팝
음악이 연예계에서 퇴출되지 않은 건 거렁뱅이에서
금수저가 된 개천 출신 용 이야기의 쿼터를 채우고
있기 때문이다. 처절한 노동자 계급의 삶에서 얻은
진정한 패기와 열정이 작품으로 승화돼 대중의
마음과 정신을 사로잡았다는 감동적인 이야기는
다들 들어봤을 것이다. 뒤집어 말하면, 그런 처절한
노동자 계급의 삶이 있었기에 약삭빠른 중산층
사회가 투박한 팔랑귀 아티스트들을 어쩌면
부지불식간에, 동시에 무참하게 바닥까지 빨아먹을
수 있다는 것이다.

　　팝 음악에서는 세대마다 일종의 혁명 같은
게 일어나 뭔가 자기 스스로 해보려는 애들이
몰려든다. 스키플 밴드(skiffle bands),[50] 저항 가수,

50. 20세기 초 미국 남부 지역에서 많이 나타난 밴드 유형. 재즈, 블루스,
포크에 영향받은 음악을 구사했는데, 허름한 악기를 많이 사용했다. 여기서
허름한 악기란 기타, 밴조, 카주, 톱도 있지만 빨래판, 티 체스트 베이스(tea
chest bass, 나무 상자를 울림통으로 사용해 현을 퉁기며 소리를 내는
베이스) 등 아무튼 '소리가 나는 무엇'이거나 '소리가 나도록 만들어진 무엇'인
경우가 많았다. 이 흐름은 제2차 세계대전 이후 재즈 유행이 일던 영국으로
넘어가 풀뿌리 아마추어 음악 활동으로 상당한 인기를 누려 전국에 3만 팀

비트(Beat),[51] 펑크 로커, U2, 카시오 키드(Casio kids)[52] 같은. 물론 이들은 거의 남 좋은 일만 해준다. 자기들은 그런 게 아니라고 믿을 수 있다. 대중도 그런 게 아니라고 믿고 싶어 한다. 그러나 현실에서는 이 새롭고 젊은 옥수수밭이 흔들흔들 다 자라 익을 때까지 내버려뒀다가 아주 이상하게 조립된 탈곡기가 나타나 운 좋은 몇 알을 따가며, 그동안 나머지 옥수수는 응원만 하다 시들고, 죽어갈 뿐이다. 새로운 추곡은 늘 필요하다. 1988년의 팝

이상이 생겨났다고 한다. 브리티시 인베이전(British Invasion)의 주역이 된 으리으리한 이름들이 스키플 밴드로 시작했는데, 이 중에는 비틀스(The Beatles), 롤링 스톤스(Rolling Stones), 밴 모리슨(Van Morrison) 등이 포함돼 있다.

51. 비트족이나 비트 세대와는 다르다. 1950년대에 영국 리버풀(Liverpool)을 중심으로 발아한 '머시 비트(Mersey Beat)'로도 부르는 조류를 가리킨다. 뒷박(backbeat)에 강세를 두는 드럼과 마디 단위의 코드 진행, 드럼, 베이스, 기타가 연결돼 이루는 그루브 등이 특징이었다. 비틀스를 이야기할 때 꼭 등장하는 그 스타일이다.

52. 1970년대 말 카시오에서는 음악도 연주할 있는 전자계산기를 출시했다. 이 제품이 화제를 모으자 아예 전자 키보드 '카시오톤(Casiotone)'을 양산하기에 이른다. 가볍게 들고 다닐 수 있는 키보드 한 대에 간단한 자동 반주 기능까지 탑재돼 원맨 밴드 연주를 할 수도 있는 제품이었다. 당시 모그(Moog)나 야마하(Yamaha)의 신시사이저는 대중음악계를 뒤흔들고 있었는데, 카시오톤은 다양한 악기의 소리를 간단히 낼 수 있는, 아주 저렴한 악기였다. 그에 걸맞은 저렴한 사운드 또한 매혹적이어서 1980년대에 선풍적인 인기를 누렸다. 자메이카에서 레게(Reggae)가 댄스홀(Dancehall)로 변모하는 데 지대하게 공헌한 악기이기도 하다.

음악계에도 혁명의 불씨 비슷한 게 나타났다.

바로 DJ다. 테크닉스 턴테이블과 바이닐 상자로
무장한 이들은 샘플러, 꿈틀대는 베이스라인,
드럼머신에 힘입어 정상에 오를 수 있었다. 이런
현상은 음악 창작의 수단을 온갖 지리멸렬하고
구차한 일로부터 해방한 사건으로 인식되곤 한다.
DJ들의 음반은 아주 저예산으로 만들어졌다고들
한다. 이런 음반들에는 『나우』 시리즈의 구시대적
팝 황금률의 훈장보다 더 중요한 공통 요소가 있다.
완전히 듣보잡들이 만든다는 것이다. 입소문도
없다. 음반사가 주는 대대적인 선금도 없다. 음악
잡지 표지에도 나오지 않는다. 몇 달의 성공적인
투어 끝에 일군 충성 팬도 없다. 전부 흔히 인디
레이블로 알려진 곳에서 발매됐다. (여기서 인디의
정의를 따질 필요는 없겠지만.) 포스트펑크(Post-
Punk) 시대에 성장한 인디 레이블은 노답 인생,
아웃사이더, 분노 종자들이 울분을 분출할 건강한
수단이 됐다. 신선한 고기를 찾는 메이저 음반사에는
풍요로운 사냥터가 되기도 했다.

인디 음반사라는 건 열정과 열의와 신념으로
돌아가는 가내수공업이었다. 일부는 성장해
강자가 되고 세계 시장에 활로를 찾았지만,
다른 이들은 시들어 죽어버렸다. 개중 힘 있는

레이블은 플랫폼으로서 기반을 다지고 팬덤을
일구면서 성장해 심지어 그럭저럭 히트곡마저 낸
아티스트들을 배출했다. 러프 트레이드(Rough
Trade)[53]의 스미스(The Smiths)[54]와
팩토리(Factory)[55]의 뉴 오더(New Order)[56]가 이

53. 1978년 설립된 영국의 인디 레이블. 같은 이름의 레코드 숍으로
시작했는데, 매장 안에서 죽치고 앉아 교유하는 현장이었다고 한다. 펑크 신을
초기부터 지탱한 레이블로 이후 다양한 장르를 다루게 됐다. 더 폴(The Fall),
스크리티 폴리티, 아즈텍 카메라(Aztec Camera), 카바레 볼테르(Cabaret
Voltaire), 레인코츠(The Raincoats) 등을 배출했다. 보다 후대에는
리버틴스(The Libertines), 아케이드 파이어(Arcade Fire), 스트록스(The
Strokes) 등이 러프 트레이드와 인연을 맺었다.

54. 1982년 결성된 맨체스터의 록 밴드. 쓸쓸하고 우아하며 염세적인 감성의
가사로 유명하며 후대의 음악가들에게도 크게 영향을 미쳤다. 1990년대
영국 팝에 기타와 록이 되살아난 이유라고도 한다. 그렇다 보니 영국 음악
덕후들이나 '마이너 감성'을 지향하는 이들에게는 더없이 각별한 이름이다.
이를테면 영화 「500일의 썸머(500 Days of Summer)」에서도 주요 모티프로
등장하고, 한때 홍대 앞에 '스미스'라는 이름의 바가 있기도 했다. 그런 느낌이란
얘기다.

55. 맨체스터의 인디 레이블. 조이 디비전(Joy Division), 뉴 오더,
해피 먼데이즈(Happy Mondays) 등 포스트 펑크와 뉴 웨이브(New
Wave)의 전설적인 아티스트들과 함께했다. 일관된 미감의 스타일리시한
아트워크와 디자인을 적극적으로 연계해 매우 통일감 있고 미학적으로도
빼어난 카탈로그를 구축한 것으로도 유명하다. 마이클 윈터바텀(Michael
Winterbottom)이 감독한 2002년작 「24시간 파티하는 사람들(24 Hour
Party People)」이 팩토리 레코드를 다루고 있다.

56. 1980년 조이 디비전의 이언 커티스(Ian Curtis)가 자살한 뒤 남은
멤버들은 뉴 오더를 결성했다. 디스코의 영향이 선명한 신스 팝 사운드에 피터
후크(Peter Hook)의 독특한 베이스, 버나드 섬너(Bernard Sumner)의

분야의 승자였다.

싱글을 차트 정상까지 끌어올릴 인프라, 자본,
효율성, 힘, 능력, 설득 수단을 지닌 건 오로지
메이저 음반사뿐으로 알려져 있다. 소싯적 동맹에
시달리고 철 지난 공구에 몸이 묶인 플리트 스트리트
(Fleet Street) 시계탑의 거인 조각상[57]처럼 메이저
음반사들은 이제 느려터진 공룡처럼 보인다.

지난 10년 동안 상업적 자질을 확실히 지닌
사람이라면 인디 유통망은 거들떠볼 거리도 못
됐다. 음악계의 정상을 바라보는 이라면 누구라도
인디 신이 여드름 꼬마나 찌질이, 또는 여드름 꼬마
찌질이인 자신이 자랑스러워 견딜 수 없는 자들만의
것임을 알고 있었다. 메이저의 세계는 이 사실을
알기에 안심할 수 있었다.

그런데 최근 몇 년 사이 조잡하고 궁색한 인디
레이블 틈에서 '인디펜던트 서비스 업체'라는 게
생겨났고, 과거라면 메이저에서나 기대할 법한
서비스를 제공하게 됐다. 광고, 홍보, 영업도

사색하는 듯한 보컬이 결합했다. 1980년대를 풍미했지만 1990년대 이후에도
많은 아티스트에게 영감을 주며 회자되곤 했다. 하지만 공교롭게도 히트곡으로
꼽히는 건 대체로 촐싹대는 느낌의 곡이다.

57. 세인트 던스탠 인 더 웨스트(St Dunstan In The West) 교회 시계탑에
있던 거인상. 고대 브리튼에 살았다고 전해지는 전설의 거인 고그(Gog)와
마고그(Magog)가 망치와 영연방기를 들고 있다.

그렇지만 그중 가장 중요한 건 신뢰하고 납득할 만한 유통이었다. 이제 고도로 조직화한 이 업체들은 가격 경쟁을 벌이며 소중한 고객님, 즉 당신을 찾는다. 부서도 세분돼 있어서 각자 뭔가 자기 할 일도 알아서 담당하고 있다.[58]

아무리 효율화되고 조직화했다고 해봐야 이런 업체들이 담당할 만한 건 여드름 꼬마와 찌질이뿐이었다. 하지만 인디 신에서 여드름 꼬마도 찌질이도 아닌, 분명한 대중적 어필을 지닌 작품이 등장하는 건 결국 시간문제였다. 바로 마스(Marrs)의 「펌프 업 더 볼륨(Pump Up The Volume)」[59]이었다. 이게 분기점이었다. 이 음반은 UK 1위를 했을 뿐 아니라 세계적으로도 대히트했다.

58. 2019년 현재 한국의 상황은 다소 차이가 있다. 케이팝 신에서는 PR을 전담하는 외주 업체가 흔하고, 조금 작은 규모의 기획사라면 A&R이나 비주얼 디렉팅 역시 외주로 맡기는 경우가 많다. 반면 인디 신에서는 레이블이 배급 유통을 제외한 대부분의 업무를 함께 처리하는 편이다. A&R과 레코딩 프로덕션, 마케팅 등을 담당하는 외주 업체가 드물게나마 등장하고 있다. 또한 전통적인 의미의 레이블과는 조금 다른, 제작 관련 제반 업무를 담당하는 에이전시를 표방하는 곳들도 있다.

59. 인디 레이블 4AD를 주축으로 꾸려진 단발성 유닛 프로젝트였다. "요즘 하우스가 핫하던데 우리도 한번?" 수많은 곡을 샘플링해 만들어진 이 곡은 버전도 다양해 버전에 따라 사용된 샘플도 각각 달랐다. 영국에서 자체 제작된 최초의 하우스 히트곡으로 기록되며 이를 계기로 1988년부터 UK 차트에 수많은 하우스 곡이 쏟아졌다.

이 나라의 인디 신은 그때부터 새로운 자신감으로 가득했다. 뭐든 해낼 수 있을 것 같았다. 메이저 세계의 마지막 보루인 1위 히트곡을 따냈다는 듯. 냉소적인 이들은 오늘의 인디가 내일의 메이저 후보냐며 손가락질하고 투덜대기도 했다. 리처드 브랜슨(Richard Branson)과 버진 레코드(Virgin Records)[60]가 1970년대 초에는 히피들의 궁극적인 이상향 아니었던가? 부정하지 말자. 대부분의 인디 레이블 오너는 브랜슨 워너비다. 브랜슨 같은 억눌린 과대망상은 그 후예들에게도 고스란히 이어질 게 뻔했다.

기술이 발달하면서 전통적 실력파 뮤지션들이 실직하거나 말거나, 이제 젊은 창작자들은 자신의 음악이 대중과 소통하는 과정의 더 많은 영역을 직접 통제할 수 있음을 더욱 의식하게 될 것이다. 게다가 이런 통제력이 그 자체로 매우 중요한 창작 표현의

---

60. 벤처 사업가인 리처드 브랜슨은 20살 때 이미 음반 유통 사업을 시작했고, 곧 이어 버진 레코드 제국으로 이어졌다. 대형 레코드 숍 체인에 이어 제작업에도 뛰어들면서 1980년대에는 자못 아방가르드적인 아티스트들을 대중에게 핫하게 소개하는 음반사가 됐다. 인디 레이블이나 청년 창업의 꿈으로서도 유효한 인물이라고 할까. 지금 국내에서는 스포츠 경기의 스폰서인 모바일 기업으로 가장 유명할지 모르지만, 리처드 브랜슨과 버진은 항공 우주 사업에까지 진출한 그야말로 '재벌'이다. 또한 많은 사람들이 신경 쓰는 그 이름은 창업 당시 대부분의 관계자가 사업을 처음 해보는(virgin) 청년들이라는 점에서 비롯했다고 한다.

방식이 되리라는 건 말할 필요도 없다.

물론 미래에도 메이저 음반사의 자리는 있을 것이다. 브라스 밴드, 대형 국립 오케스트라, 앤드루 로이드 웨버(Andrew Lloyed Webber)[61] 뮤지컬의 자리도 아직 있으니까. 우리가 21세기에 들어설 때쯤 음악 산업에서 메이저 음반사가 수행할 역할은 우리가 굳이 추측할 가치도 없는 것일 테다. 그들도 그렇지만 모든 대형 글로벌 기업이 가장 잘하는 일은 골문을 옮기는 것이다. 애초에 자기들이 가진 물건이니 그렇겠지만.

음악 창작자들은 점차 실감하게 됐다. 음반을 스스로 만들 수 있고, 이에 대한 전적인 통제권을 스스로 쥘 수 있으며, 저작권을 온전히 유지함으로써 이익도 더 크게 얻을 수 있다. 자신의 영혼과 작품에 대해 지금으로부터 영원까지 (최소 사후 70년까지는) 계약으로 묶이는 일은 갈수록 한심한 일처럼 보이게 될 것이다. 이건 사상 이야기가 아니다. 까놓고 말해 사업적인 감각 문제다.

---

61. 영국의 뮤지컬 작곡가. 「캣츠(Cats)」, 「지저스 크라이스트 슈퍼스타(Jesus Christ Super Star)」, 「에비타(Evita)」, 「오페라의 유령(Phantom of the Opera)」 등으로 1970~80년대를 풍미했으나, KLF의 바람과 달리 21세기까지도 로이드 웨버 뮤지컬의 자리는 있는 듯하다. 2015년 「스쿨 오브 록(School of Rock)」의 선풍적 인기를 봐도 그렇고.

　　25년 전까지만 해도 무명 아티스트는 메이저 음반사와 계약할 때 자작곡이 아니면 녹음을 안 하겠다고 요구하는 만용을 부릴 수 없었다. 비틀스의 성공이 그걸 바꿨다. 노래를 만든 사람이 작품 저작권을 갖고 퍼블리셔를 통해 이를 등록하거나 개인 회계사를 통해 일을 처리하는 트렌드가 생긴 건 불과 지난 10년 동안의 일이다.

　　영국의 인디 레이블 붐이 펑크 감성을 긍정적으로 계승했다면, 부정적 유산으로는 한탕주의의 숭배를 물려받았다. 이건 맬컴 매클래런(Malcolm McClaren)[62]의 상황주의적 야바위에서 비롯했다. 어느 똑똑이가 영악한 수작을 부려 메이저 음반사를 벗겨 먹는다는 생각은 완전히 잘못됐다.「위대한 로큰롤 사기극(The Great Rock 'n' Roll Swindle)」[63] 같은 건 없다. 살아 있는 멤버 네 명은 영광의 나날에 대한 빛바랜 추억만 남아 술 취한 늙은 군인이 돼버렸다. 프런트맨은 자기 자신의

---

62. 섹스 피스톨스의 매니저. 많은 사람이 섹스 피스톨스 멤버들은 철부지 꼭두각시에 불과했고, 이들을 자극적으로 연출해 흥행을 이끌어낸 '흑막'은 매클래런으로 여긴다. 그는 섹스 피스톨스가 곡을 쓰고 연주를 하지만 '음악 그룹'보다는 '사회적 이벤트'에 가깝다고 발언하기도 했다.

63. 섹스 피스톨스를 주인공으로 한 1980년작 모큐멘터리 영화. 매클래런의 횡포에 멤버들이 항의하자 그는 "다 계획이 있어!"라고 했다는데, 이 작품은 그 계획을 바탕으로 만들어졌다.

냉소에 발목 잡히고, 시체 한 구만 영원한 젊음을
누린다.[64] 당시의 음반사와 퍼블리셔는 여전히 크고
강력해지며 직원들은 새로 떠오를 스타들에게 법인
카드로 점심을 사주며 협상하기 바쁘다. 맬컴은
『파우스트(Faust)』를 전혀 이해하지 못했나 보다.

여기서 살펴볼 또 다른 지점은 팝 음악의 역사에
걸쳐 조련사 유형의 인물들이 종종 등장했다는
것이다. 조련사들은 흥미로운 캐릭터일 순
있지만, 사업가로서는 하나같이 최악이다. 보여줄
이미지를 구축하는 데 너무 많은 시간을 들이느라
정작 창작욕은 뒷전이다. 반복하지만 이 책에서
소개하는 내용이 간단히 가능해진 건 겨우 1988년
초부터다. 메이저 음반사 계약의 신화는 완전히
날아갔다. 그들의 권능과 힘은 변화에 뒤처졌다.
그들이 내민 떡밥은 개밥처럼 퀴퀴하게 쉬어버렸다.
헛간 문이 열린 것이다. 새로운 기술이란 게 TV
세계의 기준에서는 망조일지 몰라도 인쇄와
음악에서만큼은 미래는 우리 것이다.

---

64. 마약 과용으로 자살한 베이시스트 시드 비셔스(Sid Vicious)를 가리킨다.
유난히 과격한 퍼포먼스를 한 인물이기도 했지만, 펑크족 상당수가 추레하게
늙어갈 때 스물하나로 생을 마감한 그는 자못 로맨틱하게 신화화됐다.

화요일 오후 1시가 지나면

화요일 오후 1시가 지나면 예약한 스튜디오에
전화한다. 사운드 프로그래밍을 할 수 있는,
이왕이면 키보드 연주까지 할 수 있는 프로그래머가
필요하다고 말하자. 스튜디오라면 적당한 사람을
구해줄 수 있다. 당신 음반에 들어갈 음악은 전부
이 프로그래머가 샘플링을 해주고, 편곡 구상에서
프로그래밍, 심지어 연주까지 해줄 것이다.
이런 사람은 대개 이공계 마인드와 음악 천재의
재능을 함께 지녔다. 아쉽게도 스튜디오 대여비에
포함돼 있지는 않지만, 스튜디오 매니저가 업계의
시가를 정리해주고 계약까지 연결해줄 수 있다.
프로그래머도 5일 내내 예약해둬라.

점심을 먹으면서 다음 장을 읽자. 히트곡
작곡가로서 당신의 재능에 불안을 느낀다면 이를
해소해주고, 황금률에 관해 설명할 것이다. 이제부터
다음 주 월요일 아침까지 좋은 소재를 떠올려야
한다. 소재는 길바닥에 널렸으니 남들이 가져가기
전에 잡아채면 그만이다.

황금률

제리 리버(Jerome "Jerry" Leiber)와 마이크
스톨러(Mike Stoller),[65] 제리 고핀(Gerry Goffin)과
캐롤 킹(Carole King),[66] 베리 고디(Berry Gordy),[67]
니키 친(Nicky Chin)과 마이크 채프먼(Mike

---

65. 1950년대부터 활동한 작곡가 듀오. 특히 흑인 음악을 팝의 세계로
끌어들여 성공적으로 결합한 주역으로 평가된다. 히트곡은 수없이 많지만,
그중에서도 엘비스 프레슬리(Elvis Presley)의 「하운드 독(Hound Dog)」이
대표적이다.

66. 대학 시절 캠퍼스 커플로 시작한 작곡가 부부. 캐롤 킹은 솔로
아티스트이자 20세기 최고의 여성 작곡가였고, 남편 고핀은 작사를 담당했다.
11년 결혼 생활 동안 파트너십을 이뤘는데, 이 시기만 해도 캐롤 킹, 스키터
데이비스(Skeeter Davis), 라이처스 브라더스(Righteous Brothers),
멍키스(The Monkees), 더스티 스프링필드(Dusty Springfield) 등의
히트곡을 써냈다. 두 사람은 2004년 작곡가들의 평생 공로상 격인 그래미
이사회상(Grammy Trustees Award)을, 2013년 캐롤 킹은 그래미 평생
공로상을 수상했다.

67. 모타운 레코드(Motown Records)의 창업주. 당연히 잭슨
파이브(Jackson 5), 미라클스(Miracles), 수프림스(Supremes), 마빈
게이(Marvin Gaye), 스티비 원더(Stevie Wonder) 등을 기획한 주역이다. 그
자신이 뛰어난 작곡가이기도 했는데, '코퍼레이션(The Corportation)'이란
이름의 작곡 팀을 결성해 활동했다. 빌 콘돈(Bill Condon) 감독의 2006년작
「드림걸스(Dreamgirls)」에서는 제이미 폭스(Jamie Foxx)의 역할이 고디를
'재해석'한 것으로 알려져 고디에게 큰 반발을 사기도 했다. 결국 제작진이
사과했다고 한다.

Chapman),[68] 피터 워터맨(Peter Waterman)[69]은
모두 황금률을 철저히 이해했다. 워터맨은 지금부터
세기말까지 1위권 바깥만을 맴돌 테고, 다른
작곡가들의 영향력도 한계가 있기는 했다. 이건
행운의 여신의 손길이 다른 곳에 얼쩡대거나 유행이
바뀌어서가 아니라 몇 번 히트곡을 내고 배가
부르고 나면 황금률을 철저히 따르는 게 지겨워지기
때문이다. 모든 게 허무하고 무의미해진다. 이제
단순히 '딱 1위 한 번만 했으면...' 하는 것과는
달라도 한참 다른 야망을 품은 아티스트들에게
감정적으로든 사업적으로든 말려드는 이들도 있다.
하지만 제리 리버와 마이크 스톨러는 마음만 먹으면
내일이라도 당장 스튜디오에 들어가 3개월 뒤에는
전 세계적인 히트곡을 내놓을 수 있다.

UK 차트 1위에 오를 수 있는 데뷔 싱글을

68. 1970~80년대 초반까지 활동한 작곡가 듀오. 더 스위트(The Sweet),
수지 콰트로(Suzi Quatro), 티나 터너(Tina Turner) 등의 유수한 히트곡을
써내 '톱 40' 진입곡은 50곡이 넘었다. 한국에서 세대를 아우를 히트곡이
있다면 토니 베이실(Toni Basil)의 「미키(Mickey)」가 있다. 1983년 이후
친이 건강 문제로 오랫동안 작품 활동을 쉬면서 두 사람의 공조는 맥이
끊겼다. 그래도 21세기 들어서까지 친은 웨스트라이프(Westlife)나 셀리나
고메즈(Selena Gomez)의 곡을 써내는 1945년생의 삶을 살고 있다.
69. 3인조 히트메이커였던 스토크 에이트킨 워터맨(Stock, Aitken and
Waterman, SAW)의 한 명. 이 팀에 관해서는 뒤에서 더 자세한 이야기가
나온다.

작곡하는 기본 황금률은 이렇다. 스튜디오에 들어가기 전에 모든 걸 해두려는 불가능한 수작은 부리지 마라. 스튜디오 작업은 유동적이고 창조적인 모험이어야 한다. 그저 마지막에 모든 기준에 완벽히 부합하는 7인치 버전[70] 곡이 나와야 한다는 것만 내내 기억해라. 자리 깔고 앉아서 완곡을 써내려는 생각은 절대로 하지 마라. 그런 식으로 1위까지 오르는 일이 벌어지려면 진정 천재적인 재능을 가진 작곡가여야 하고, 가수 또한 온 세상이 이 노래를 꼭 들어야만 한다고 느낄 만큼 어마어마한 설득력과 열정이 있어야 한다. 로드 스튜어트(Rod Stewart)의 「항해(Sailing)」,[71] 해리 닐슨(Harry

---

70. 7인치는 가장 일반적으로 유통되는 싱글 음반의 포맷이었다. 따라서 '7인치 버전'이라고 하면 보통 '싱글 버전(Single Version)'과 거의 동일한 의미다. 하나의 곡은 다양한 버전으로 발표될 수 있다. 이 책에서도 자주 언급하는 '12인치 버전' 외에도, 좀 더 라디오 방송에 유리한 길이로 줄인 '라디오 에디트(Radio Edit)', 반대로 클럽 플레이를 위해 길이를 더 늘린 '익스텐디드 믹스(Extended Mix)', 싱글이 발표된 뒤 앨범을 작업할 때 마음이 바뀌어서 편집이나 편곡을 바꾼 '앨범 버전(Album Version)', 누렁 소도 검은 소도 좋기 때문에 함께 발표한 '얼터너티브 버전(Alternative Version)' 등이 있다. 현재 한국에서는 대부분 거의 사용되지 않지만, 특히 1980년대 팝을 듣다 보면 친숙하게 만날 수 있는 표현이다.

71. 1972년 서덜랜드 브라더스(Sutherland Brothers)의 곡을 로드 스튜어트가 1975년에 리메이크했다. 이 곡을 녹음하던 날 스튜어트는 "아침에 술도 안 마시고 무슨 녹음을 하나?"라고 불평했다는 후일담이 전해진다. 망망대해의 아득한 마음을 시대의 절창이 소화한 이 곡은 발매 당시에도 크게

Nilsson)의 「너 없이(Without You)」[72] 같은 노래들 있지 않나. 황금률이 제공해주는 건 일종의 뼈대다. 당신은 여기에 부품만 채워 넣으면 된다.

첫째, 요즘 7인치 싱글을 구매하는 세대를 유혹할 수 있도록 음반 전체에 댄스 그루브가 흘러야 한다. 둘째, 길이는 3분 30초를 넘지 말아야 한다. (3분 20초 직전이 가장 좋다.) 그보다 조금이라도 길면 마지막 부분에서 라디오 1 낮 시간 담당 DJ들은 일찌감치 볼륨을 내리거나 멘트를 시작한다. 마침내 코러스가 머릿속에 각인돼야 하는 가장 중요한 순간에 말이다. 셋째, 인트로, 버스(verse), 코러스(chorus), 2절 버스, 2절 코러스, 브레이크(breakdown), 다시 두 배 길이의 코러스와 아웃트로로 구성해야 한다. 넷째, 가사. 이건 있긴 있어야 하지만 너무 많을 필요는 없다.

히트했지만, 이후에도 몇 번이나 UK 차트를 '역주행'했다.
72. 1970년 발표된 배드핑거(Badfinger)의 원곡. 존 레논(John Lennon)과 절친이기도 했던 닐슨은 파티에서 우연히 이 곡을 듣고 비틀스의 곡인 줄 알았다고 한다. 그런데 그게 아니라는 사실을 알고 리메이크를 결심, 세계 각국 차트의 1위에 오르는 히트를 기록했다. 그로부터 23년이 지나 머라이어 캐리가 리메이크하면서 이 곡은 다시 한번 빛나게 됐다. 수많은 아티스트가 리메이크했지만 역사에 남은 건 두 사람이라는 점에서 얻을 수 있는 교훈이 있을 듯하다.

캐주얼하게, 아주 약간은 신비롭게

이건 부품을 짜 맞추는 건설 작업 같은 것이다.
잘 해내기 위해서는 당신 안의 프랑켄슈타인을
불러내야 한다. 둥지를 짓는 까치가 돼야 한다.
이게 무슨 끔찍한 혼종 레시피냐 싶은 기분이라면,
우리를 믿고 안심해라. 모든 음악은 이미 흘러간
것의 합집합 또는 부분집합일 수밖에 없다. 지금까지
나온 모든 1위 곡은 다른 곡에서 조금씩 가져다 만든
것뿐이다. 새로운 코드란 건 없다. 변화 또한 남들이
다 시도했다. 스케일에 음정이 더 붙거나 마디 안에
비트가 숨어 있는 것도 아니다. 독창성은 추구할
필요가 없다. 과거에는 시장의 정상에 오를 한 곡이
완성되기까지 작곡가라면 대개 몇 달씩 방에 혼자
틀어박혀 기타를 긁어대고, 밴드라면 연습실에서
끝없이 리프를 연주하며 곡을 다듬어갔다. 그게 뻔한
모범 답안을 만날 때까지 모든 걸 운에 맡긴 무대뽀
세월이었다고 한다면, 그들은 전부 죽도록 화를
낼 것이다. 온 세상의 마음을 사로잡을 위대하고
독창적인 곡이라는 성배를 찾아 나서는 거룩한
여정이었다고 믿고 싶으니까.

　　모든 노래가 다 똑같이 들리지는 않지 않나?
왜 꼭 위대한 아티스트들이 있어서, 수십 곡이나

명곡을 쓰고, 그래서 당신을 눈물 흘리게 하고, 같은 말도 전혀 새롭게 들리고, 웃게 하고, 춤추게 하고, 영혼을 빼앗아가고, 사랑에 빠지게 하고, 거리로 나가 폭동을 일으키게 하나? 그건 이미 있던 코드와 음정, 화음, 비트, 가사를 쓰더라도 이를 통해 아티스트의 영혼이 빛나기 때문이다. 이목을 끈 건 그들의 개성이다. 이런 건 그저 탁월한 보컬리스트나 기예파 연주자라고 되는 게 아니다. 세상에서 가장 단선적인 음악인 디트로이트 테크노 사운드는 어차피 컴퓨터로 프로그래밍된 거고 인간 뮤지션의 어떤 흔적도 없지만, 연주될 때면 땀과 섹스, 욕망의 냄새가 지독하게 풍겨온다. 이런 음악의 창작자는 그저 버튼 몇 개만 눌렀을 뿐인데 수백만 년의 고통과 정념이 쏟아지는 것이다.

컴퓨터로 프로그래밍된 베이스 드럼이 8분 동안 네 박자를 단조롭게 찍어댈 뿐 다른 소리는 전혀 없는 댄스 음반을 누군가 감히 만들어주기를 우리는 즐거운 마음으로 기다린다. 그 뒤 또 누군가 정확히 똑같은 베이스드럼 사운드와 똑같은 템포의 곡을 내놓으면, 그때는 둘 중 어느 쪽이 최고인지, 어느 쪽이 더 빨리 댄스 플로어를 채울지, 어느 쪽이 가장 섹시하고 솔풀한지 구분할 수 있을 것이다. 분명 우열이 있을 것이다. 무슨 말이냐 하면, 당신 안에

뭔가 있고, 그게 독특하거나 남들이 독창적이라고 할
만한 어떤 거라면, 미래의 당신 히트곡 속에서 어떤
식으로든 스며 나오게 될 거라는 소리다.

지독하리만치 독창성을 추구하는 음악
창작자들은 보통 독창성 없는 음악을 만들고야 만다.
그들의 정신이 배어 나올 만한 자리가 남아나지
않기 때문이다. 블루스는 역사 전체가 하나의
코드 구조 위에 만들어졌다. 기본적으로 세 개의
코드를 똑같은 패턴으로 사용하며 수십만 곡이
만들어졌다. 이런 융통성 없는 공식으로 20세기
최고의 음악이 몇 곡이나 태어났다. 우리는 아주
유명한 세 곡에서 일부를 가져와 사용했다. 게리
글리터(Gary Glitter)[73]의 「로큰롤(Rock 'n' Roll)」,
『닥터 후(Doctor Who)』[74] 테마 송, 스위트의
「블록버스터(Blockbuster)」. 우리는 이것들을 서로
붙여놨을 뿐 우리 중 누구도 음정을 연주해 넣은 게
없다. 그래도 걸작을 탄생시키려 어딘가에 틀어박혀
3개월을 보내기라도 한 양 이 음반에 우리의 존재가

73. 1970~80년대를 휩쓸며 2,000만 장 이상의 판매고를 올린 글램 록의
아이콘.
74. BBC의 장수 드라마 시리즈. 전화 부스 모양의 타임머신인
'타디스(Tardis)'를 타고 시간을 여행하는 주인공 닥터 후를 다루는 SF
드라마다. 1963년에 시작해 1989년까지 방송됐고, 이후 2005년에 재개해
2019년 현재까지 지속되고 있다.

깊게 스며들어 있는 것만은 분명하다. 이 음반을
사는 사람도, 록맨 록(Rockman Rock)과 킹보이
D(King Boy D)[75]의 내적 영혼에는 아무 흥미가
없는 사람도, 이게 매우 독창적인 음반임을 충분히
알고 있었다.

　　도둑질했다고 욕먹을까 봐 걱정하지 마라.
그렇게 되더라도 당신에게는 시행착오를 거치며
느긋하게 나아갈 시간이 없다.

　　가장 간단한 방법은 히트곡 기네스북을
뒤적이며 이전 시대의 대히트곡 하나를 골라
오늘날의 옷을 새롭게 입혀 리메이크하는 것이다.[76]
해마다 최소한 두 명의 아티스트가 이 방법으로
데뷔해 1위 히트를 기록한다. 1980년대만 해도 벌써
이만큼이나 있다.

---

75. KLF의 다른 이름, 또는 페르소나 정도로 이해하면 된다. 지미 코티가
그린 미발표 만화 「큰 낭패: 더 잼스의 더 많은 모험(Deep Shit: Further
Adventures of The JAMs)」에도 주인공으로 등장한다. 눈치챘을지
모르겠지만, 이 책의 헌사에 언급된 돈 럭나우가 KLF에게 경고할 때 쓴 표현이
바로 '큰 낭패(deep shit)'였다.

76. 세계 시장에서 가장 흔한 리메이크 절차는 권리자에게 연락해 허가를
받고 상대가 요구하는 금액을 지불하는 것이다. 하지만 한국에서는
음악저작권협회에 신고하고 정해진 사용료를 내기만 하면 원작자와 말 한
마디 안 섞고 리메이크를 할 수 있다. 물론 원작자가 불쾌해 하는 경우가
흔하므로 연락을 취하는 게 보통이다. 다만 원작자가 흔쾌히 승낙하더라도
음악저작권협회에 사용료는 내야 한다.

☆ 데이브 스튜어트(Dave Stewart)와 바바라 개스킨(Barbara Gaskin), 「나만의 파티니까(It's My Party)」

☆ 록시 뮤직(Roxy Music), 「질투하는 남자(Jealous Guy)」

☆ 소프트 셀(Soft Cell), 「더럽혀진 사랑(Tainted Love)」

☆ 폴 영(Paul Young), 「내 모자를 내려놓는 곳(Wherever I Lay My Hat)」

☆ 캡틴 센서블(Captain Sensible), 「행복한 대화(Happy Talk)」

☆ 닐(Neil), 「구멍 난 구두(Hole In My Shoe)」

☆ 티파니(Tiffany), 「이제 우리 둘뿐인가 봐(I Think We're Alone Now)」

☆ 웨트 웨트 웨트(Wet Wet Wet), 「위드 어 리틀 헬프(With A Little Help)」

☆ 야즈(Yaz), 「올라갈 일만 남았어(The Only Way Is Up)」

하지만 이 길을 택했을 때 안 좋은 부분도 있다. 이미 검증된 노래를 사용할 경우 스튜디오에서 녹음할 때 그릇된 안정감을 느낄 수 있기 때문이다. 곡이 너무 훌륭해서 당신이 무슨 짓을 하더라도 곡 자체로

어차피 잘될 거라는 환상에 사로잡히는 것이다. 당신
버전의 만듦새에 관해 객관성을 잃어버린다. 결국
일은 라디오 PD들에게 달려 있는데, 이들이 가장
싫어하는 건 엉망으로 리메이크된 고전이다.

또한 고전 올드 팝은 팝의 황금률을
만족하면서도, 가사에는 팝 역사상 특정 시기에만
통하는 내용이 들어 있을 수도 있다. 많은 수의 과거
1위 곡이 여기에 해당한다.

☆ 스콧 맥켄지(Scott McKenzie),
「샌프란시스코(San Francisco)」
☆ 비치 보이스(The Beach Boys), 「굿
바이브레이션(Good Vibrations)」
☆ 비틀스, 「올 유 니드 이즈 러브(All You Need Is
Love)」
☆ 모트 더 후플(Mott The Hoople), 「올 더 영
듀즈(All The Young Dudes)」
☆ 마스, 「펌프 업 더 볼륨」

과거의 시대 정신이 부활해 당시의 가사에 어떤
식으로든 다시 의미가 생긴 게 아니라면 이런 노래는
배제해야 한다.

거의 반대의 일이 벌어지기도 한다. 과거의

노래를 영민하게 선택해 리메이크하면 오리지널이
히트한 당시보다 지금의 음반 소비자들에게 가사와
음악 모두 오히려 더 다가올 수 있도록 녹음할
수도 있다. 티파니의 「이제 우리 둘뿐인가 봐」와
야즈의 「올라갈 일만 남았어」는 1988년 현재 그
완벽한 예다. 타미 로(Tommy Roe)의 「이제 우리
둘뿐인가 봐」 원곡과 루비누스(The Rubinoos)의
1970년대 말 리메이크는 안목 있는 이들은 알아본
명곡이었으나 당대 UK 시장에서 경쟁력을
발휘하지는 못했다.

리메이크의 또 다른 단점은 작사와 작곡
저작권을 전부 뺏긴다는 점이다. 이는 음반이
아무리 많이 팔려도 당신은 저작권료를 받을 수
없다는 뜻이다. 저작권의 신비에 관해서는 뒤에서
더 설명하겠지만, 일단 그냥 새겨들어라. 리메이크
1위 곡이라는 건 자작곡과 달리 최소 1만 파운드를
내동댕이치는 것과 같은 말이다.[77]

과거의 명곡을 잘 골라 녹음하면 성공이
보장된다는 것만큼은 부정할 수 없다. 라디오 1

---

[77] 한국에서 음악 저작권은 작사, 작곡, 편곡으로 구분된다. 그러니 최악의
경우 리메이크로 인해 저작권을 송두리째 뺏긴다 해도 당신에게는 편곡
저작권이 발생할 수 있다. 이건 세계적으로 유례가 거의 없는 시스템이니 이
순간 만큼은 한국인임을 기뻐해도 된다.

낮 시간 방송 담당 PD들은 당신 음반을 초반만 듣고도 자기 방송에서 틀 만하다고 생각할 것이다. '가정의 주부들과 건설 현장의 남편들'은 곧장 따라 부를 것이다. 노래가 좋은지 어떤지 판단하는 데는 서너 번 들어볼 필요도 없다. 판단은 당신이 1위를 생각해보기도 전에 이미 다 내려져 있다. 7인치 싱글을 사는 요즘 세대는 이 노래를 들어본 적 없겠지만, 가만히 있어도 라디오에서 서너 번은 들을 기회가 주어질 게 분명하다.

리메이크할 만한 곡이 없다면 위장 자작곡을 만드는 방법도 있다. 과거의 히트곡에서 일부를 몰래 가져와 수정하고 개선하면 라디오 1 PD나 TV의 청소년 프로그램 작가, 대형 레코드 숍 체인의 구매 담당자 들이 무의식적으로 훈훈한 기분이 돼 당신 곡을 좋게 볼 것이다.

우리는 직접 리메이크를 하지 않으려고 애매한 중간 루트를 선택했다. 그런데 너무 뻔뻔했던 바람에 저작권 대부분을 내줘야 했고, 그렇게 상당한 몫의 돈을 뺏기고 말았다.

★ 그루브

가장 먼저 찾아내야 할 구성 요소는 흥을 억누를 수 없을 댄스 플로어 그루브(groove)다.

    더 깊이 들어가기 전에 그루브에 관해 정의하는
게 좋겠다. 그루브는 기본적으로 드럼과 베이스의
패턴, 그리고 음반에 담긴 모든 음악적인 소리
중에서 허밍을 하거나 따라 부를 수 없는 모든 걸
말한다. 그루브는 음반에 깔린 성적 요소인데, UK
1위 곡이 되기 위해 7인치 싱글에 너무 노골적인
날것을 담기는 어렵다. 국민의 도덕 감정을 건드리기
때문이다. 야시시한 건 받아들여져도 질펀한 건
금물이다. 물론 희한하게 잘 빠져나간 예외도
있지만.

    우리의 성적 판타지가 변천하기도 하고 겨우 한
달 만에 예전으로 돌아가기도 하듯이, 댄스 플로어의
그루브 취향도 마찬가지다. 끊임없이 변화하며
궁극의 자극을 찾아 헤매다 거의 다 왔다 싶을 때쯤
식어버려 다시 새로운 방향을 찾아 나서기도 한다.

    미국 흑인 음반은 언제나 댄스 그루브의 가장
믿음직스러운 원천이었다. 이 음반들은 지난 오랜
세월 동안 그루브의 제단에 모든 걸 바치느라 다른
황금률을 충족시키는 데 무심했고, 그래서 UK
차트에서는 1위까지 오르는 건 고사하고 톱 10에도
좀처럼 파고들지 못했다. 이런 상황의 부산물로 보
디들리(Bo Diddley)를 위시한 그루브의 갱스터들은
음악 산업계뿐 아니라 그 뒤를 따른 아티스트들까지

자기를 등쳐먹었다고 믿는 상황이 벌어진 것이다.
이는 지난 100년 동안 저작권법이 유럽계 백인들의
손에 성장해온 탓에 어떤 노래든 저작권의
50퍼센트는 가사에, 나머지 50퍼센트는 노래하는 톱
라인 멜로디에 붙는다고 정해졌기 때문이다. 여기에
그루브는 낄 자리가 없다. 만일 아프리카계 흑인들이
저작권법을 쥐고 있었다면, 최소 80퍼센트는
그루브 제작자에게 돌아가고 나머지는 가사와
멜로디에 나눠줬을 것이다. 만일 당신이 흑인인
데다 변호사라면 이름을 떨칠 기회다. 잘못된 걸
바로잡아라.**78**

　　7인치 싱글 구매층이 3개월 뒤에 발가락으로
바닥을 두들기게 될 그루브를 찾아낼 가장 좋은
방법은 당신이 사는 동네에서 미국 흑인 댄스 수입
음반을 트는 가장 힙한 클럽으로 향하는 것이다.
DJ가 트는 알 수 없는 곡 중에 플로어에서도 가장
뜨겁게 반응이 오고 당신마저 사람들 틈에서 춤추게
하는 바로 그 노래에 당신이 찾는 그루브가 있다.

---

78. 한국의 저작권 시스템에서는 그루브가 편곡에 포함되고, 따라서 저작권이
발생한다. 통상적으로 작사, 작곡, 편곡의 분배율은 5:5:2. 이 비율은 작업에
참여한 사람들 사이의 협의에 따라 달라질 수 있는데, 요즘에는 작사의 비중이
줄어드는 경우가 있다고 한다. 따라서 만일 당신이 한국인인 데다 변호사라면
이름을 떨칠 기회는 아쉽지만 별로 없다.

그날 밤 바로 그 노래의 제목을 알아내거나 적어도
유별난 특징이라도 기억해둬라. 운 좋게 근처에 댄스
음악 전문 레코드 숍이 있다면 그 음반을 찾을 수
있을 것이다.

　사는 동네에 쓸 만한 클럽이나 댄스 음악 전문
레코드숍이 없더라도 포기하기에는 아직 이르다.
우리가 월요일 아침에 사두라고 한 댄스 음악
컴필레이션 앨범을 이때 써먹는 것이다. 앨범을
크게 틀어놓은 뒤 그루브 속으로 빠져들어라.
정신머리는 책장에나 어울리니 그곳에 빼놓고
마음껏 즐기자. 필요하다면 몸이라도 더듬으면서
"포스가 느껴지(feel the force)"고 "음악에 빠져(lost
in music)"버릴 때까지 계속한다. 노래에서 "캔 유
필 잇?(Can you feel it?)"이라고 묻는다면 유일한
대답이 "예스!"가 될 때까지.

　순수한 댄스 음악은 가사가 있더라도 심야
클럽에서 경험할 수 있는 감정만 다룬다. 기본적으로
욕망, 그리고 더 중요한 건 욕망 너머 인간
정신세계의 중심 영역이다. 다른 건 의미가 없다.
순수한 댄스 음악을 만들면서 뭐든 다른 주제를
다루려 하는 자가 있다면 심각하게 의심해봐야 한다.
우리가 너무 허세 부리는 건 아닌지 조심스럽지만,
그래도 선언하면, 댄스 음악과 춤을 통해 인간은

잠시나마 태초의 낙원으로 돌아갈 수 있다. 물론 대낮의 햇빛 아래 다시 생각하면 손발 오그라드는 소리다.

이 글을 쓰는 1988년 환락의 여름, 누구든 그루브를 찾아 헤맨다면 우리는 아무 데서나 게릴라성으로 열리는 애시드 하우스 파티에서 밤을 보내보기를 진지하게 권한다. 술은 조금만 마시고, 생각은 내려놓은 채 댄스 플로어에서 손을 머리 위로 흔들며 그저 느껴보라는 것이다. 물론 공개적으로 마약을 권하진 않겠지만 아주 비싼 어떤 약물은 이때 탁월한 효험이 있다.

"캔 유 필 잇?" 당연하지.

당신이 이 책을 읽을 때쯤이면 애시드 하우스는 이미 흘러갔을 테지만, 시류를 파악하는 건 늘 그리 어렵지 않다. 목마르고 젊은 미디어 종자들은 얼마든 있으니까. 이들은 당신 대신 조사도 해주고, 그 내용을 경쟁도 치열한 청년층 대상 잡지에 기고해주고 있다.

알다시피 우리는 게리 글리터의 비트를 사용했는데, 이는 의도보다는 우연에 가까웠다. 클럽에서 자주 들리는 백인 스타일 비트라 앞에서 우리가 권한 것에 살짝 어긋나기는 한다. 하지만 영국인들은 이런 비트에 애증이 있어서 10년에 한

번 정도는 시도해볼 만하다. 그 이상은 받아들이지
않겠지만.

형이상학적인 이야기에서 한참 아래로 내려와
보면, 그루브를 이해하는 데는 박자, 마디, BPM
같은 실용적인 용어가 동원된다. 아주 드문 예외만
빼고 모든 팝 음악은 마디당 네 박자 리듬에 기반을
둔다. 박자에 맞춰 자연스럽게 발을 까딱여보면 네
번 칠 때마다 한 마디가 되고, 자연스럽게 두 번째
박자에 손뼉을 치거나 손가락을 튕기면 이건 마디 당
두 번씩이 된다.

현대 음악의 속도는 어떤 음반이든 분당 몇 번의
박자가 들어가는지(BPM, Beats Per Minute)[79]로
따진다. BPM을 측정하는 일은 1980년대 초가
돼서나 생겼는데, 이때부터 거의 모든 음반은 클릭
트랙(click track)[80]을 사용해 만들어졌다. 덕분에

---

79. 1분당 몇 박자가 들어가느냐 하는 의미다. 정확히 말하면 학교 음악 시간에
들어봤을 '4분 음표'가 몇 개 들어가느냐다. 그건 사실 학교 음악 시간에
봤을 악보에 그려진 템포와 같은 개념이다. 다만 템포나 박자보다는 BPM이
뭔가 있어 보이니 'BPM'이라고 하자. 그런 허영심은 차치하더라도 어차피
여기저기서 자주 보게 되는 단어다.

80. 전자 메트로놈을 사용해 박자마다 "삑삑" 하며 울리는 트랙이다. 박자에
맞춰 연주할 수 있도록 보통은 연주자에게만 들려주게 된다. 스튜디오
녹음에서는 자주 사용한다. 라이브 환경에서도 사용하는데, 특히 디지털 장비를
많이 사용하는 아티스트들이, 특히 드러머에게 이어피스를 주며 이걸 들으라고
한다. 혹시 드러머가 유난히 성격이 나쁘다면 그의 팀이 클릭 트랙을 사용하고

트랙을 연주하는 모든 뮤지션이 완벽하게 싱크가 맞는 것이다. 흘러간 시절에는 연주하는 동안 박자가 빨라지거나 느려질 수 있기 때문에 정확한 BPM을 측정할 수 없었다. 클럽 DJ에게는 소장한 모든 음반의 BPM을 파악하는 게 더없이 중요한 일이다. 클럽에서 틀 세트(set)를 짤 때 124 BPM인 곡을 틀다가 갑자기 87 BPM으로 떨어지거나 다시 114 BPM으로 올라가면 플로어의 사람들이 매번 움찔거리게 되기 때문이다. 빡센 애시드 세트는 예외지만.

현대의 클럽 음악 음반들은 다양한 스타일에 따라 대체로 특정한 BPM 주변에 몰려 있게 마련이다. 하우스나 그 변종 스타일은 고전적으로 120 BPM인데 요즘은 더 높아지고 있다. 하이 에너지(Hi NRG)는 항상 125 BPM 이상인데 140 BPM까지 아찔하게 치솟는 경우는 아주 드물다. 랩 음반은 전통적으로는 90 BPM에서 110 BPM 사이를 오가는데, 하우스가 강세인 요즘(1988년 여름) 경향에 발맞추고자 빨라지고 있다. 이 때문에 느릿느릿 불량하고 쿨하게 걷는 듯한 랩의 느낌이

있을지도 모른다. 물론 어느 세상에서든 드러머는 대체로 착하고 뒤끝 없는 사람들이어서 몇몇 드러머가 조금 성격이 나빠진다 해봐야 큰 차이가 되지는 않지만.

약해지기도 했다. 120 BPM에 랩을 하다니, LL
쿨 J(LL Cool J)나 라킴(Rakim)이 그 꼬락서니를
보이지야 않겠지만[81] 원류의 쿨과 진정성보다
상업적 본능이 중요한 사람들은 자신의 역대 차트
성적을 올리기 위해 시도할 법도 하다.

1987년과 1988년 초까지 사랑받은 클래식
레어 그루브(Rare Groove)[82] 트랙들은 모두
클릭 트랙이나 드럼 머신이 세상을 지배하기 전인
1970년대 초에 녹음됐다. 대략 90 BPM 언저리에서
확실하게 끈적거리고 질척거리며 배어 나오는
그루브였다.

요즘 같은 시대에 135 BPM을 웃도는 곡이
1위에 오른다는 건 턱도 없는 일이다. 클럽에 다니는
사람 중 이런 템포에 춤을 추면서도 추해지지
않을 인재는 거의 없다. 여러 음악 저널리스트에게
'완벽한 정통 팝'이라는 말을 듣는 인디 밴드들이
아무리 팬을 많이 거느려도 톱 5에 절대 들지 못하는

81. 유감스럽지만 LL 쿨 J와 라킴도 특히 2000년대 중반에 120 BPM이 넘는 곡을 제법 냈다. 그렇다고 지은이들을 욕하지는 말자. 세월이란 게 다 그런 것 아니겠는가.
82. 레트로 취향을 간직한 이들이 조금은 스노비시한 취향으로 즐긴 일련의 사운드를 칭한다. 대체로 1970년대의 펑크(Funk)나 재즈 펑크(Jazz Funk) 성향을 가진 경우가 많았다. 새로운 그루브가 쏟아져도 뒤지고 뒤져 찾아낸 그루브라는 점에서 '드물다'는 의미의 '레어(rare)'가 붙기도 했다.

건 단 한 가지 이유다. 노래가 전부 135 BPM을 넘기기 때문이다. 연애의 트라우마, 증오와 쓸개즙이 한데 뒤섞인 채 박자를 세기도 어려울 만큼 빠른 BPM에 휩쓸려 나오는 것이다.

이미 언급했듯 고전적인 1위 곡의 황금률은 인트로, 1절 버스, 1절 코러스, 2절 버스, 2절 코러스, 브레이크, 두 배 길이의 코러스, 아웃트로로 구성된다.

각 섹션(section)[83]은 4의 배수로 묶인 마디로 구성된다. 이를테면 인트로는 네 마디, 버스 열여섯 마디, 코러스 여덟 마디로 구성할 수 있다. 때로는 1절 버스나 2절 코러스의 길이가 두 배가 될 수도 있다. 이런 건 음반을 믹싱하는 단계 전까지는 결정되지 않아도 된다. 최대한 간명하고 짜릿하게 다가오는 곡이 되도록 엔지니어가 전체 트랙을 3분 30초로 편집해줄 것이다.

가능하면 이 주의 남은 며칠 사이 클럽에서 필요한 그루브를 찾아내고 바이닐을 사서 집에

---

83. 한국에서는 흔히 '파트'라는 말을 사용한다. 'A 파트, B 파트, 사비' 하는 식으로. 엄밀히 말하면 '파트'는 테너, 소프라노, 베이스, 기타 같은 '성부'를 뜻하는 말이고, 시간의 흐름에 따른 곡의 부분은 '섹션'으로 부르는 게 바람직하다. 하지만 남들이 하는 대로 따라 하는 게 한국의 미풍양속이니 '파트'라는 말도 기억해두자.

가져올 수 있기를 바란다. 반드시 12인치 버전이어야
한다. 날 것의 그루브가 고스란히 담겨 있는 데다
그루브의 구성 요소에 따라 충분한 간격을 두고
분해되고 발가벗겨진 채 늘어져 있기 때문이다. 당신
음반을 녹음할 때 엔지니어나 프로그래머가 이를
분석하고 본떠 작업할 수 있도록 말이다. 그래도
'클럽에 가기'에 버릇을 들이는 실수는 하지 마라.
그런 생활에는 함정이 뒤따른다. 꾸준히 클럽에
가지 않으면 뭔가 놓쳐버린다고 믿어버린다. 그러다
인생만 놓치는 건 물론이고. 클럽에 갈 때는 머리는
바깥에 두고 잡생각을 차단해야 한다.

★ 코러스[84]와 제목

다음은 코러스다. 노래에서 따라부르고 싶어 참을
수 없는 그 부분이 바로 코러스다. 히트곡에서
가장 중요한 요소다. 사람들 대부분이 이 부분을
머릿속에 담아 다니다가 라디오도 없고, TV도 안
나오고, 클럽도 멀 때 떠올리기 때문이다. 교실이나
직장에서 멍 때릴 때나 거리를 배회할 때 지겹게
떠오를 그 부분이다. 고객들이 굳이 레코드 가게까지

---

84. 코러스는 보컬리스트 뒤에서 노래하는 백업 보컬(back up vocal)을
뜻하는 말로도 사용할 수 있다. 이 책에서는 어디까지나 노래의 후렴에
해당하는 섹션을 가리킨다.

가서 음반을 사고야 말도록 만들어줄 바로 그
부분이다. 그러니 12인치 싱글이나 댄스 음악
컴필레이션 앨범을 틀어놓고 브레이크 부분에 맞춰
흥얼거려보자. 가사는 뭐든 상관없으니 입에서
나오는 아무 말이라도 좋다. 머릿속에 멜로디를
떠올리기 어렵거나 막히는 기분이 든다면 히트곡
기네스북을 뒤적이다가 차트 5위 안에 들었던 아무
노래나 마음 가는 대로 고른 뒤 지금 틀어놓은
반주에 맞춰 불러본다.

　　예컨대 이렇게.

　　"바로 그런 게 아하 아하, 나는 좋아 아하 아하,
　　바로 그런게 아하 아하, 나는 좋아 아하 아하!"

K.C. 앤 더 선샤인 밴드(K.C. and the Sunshine
Band)의 곡[85]이다. 대체로 어딘든 잘 붙는 곡이라
바로 써먹을 수 있겠지만 고를 만한 곡은 얼마든지
있다.

　　코러스의 가사는 인간의 가장 기본적인 감정
외에는 어떤 것도 다뤄선 안 된다. 시니컬한
의미나 잔머리 전혀 없이 말하건대 '클리셰에

85. 「바로 그런 게 (나는 좋아)(That's The Way [I Like It])」 1975년 발표돼
빌보드 핫 100 차트 1위를 기록했다.

매달려라.' 클리셰는 우리가 모두 느끼는 감정을
건드리기 때문에 클리셰인 것이다. 가사가 지적으로
훌륭하거나 낯설고 새로운 사상을 다루기 때문에
많이 팔리는 음반이란 없다. 사실 가사는 감정을 잘
끌어낼 수만 있다면, 문학적으로 무의미해도 좋다.
그 좋은 예가 우리 노래 중에 있다.

"닥터 후, 헤이 닥터 후, 닥터 후, 타디스에 탄
닥터 후, 헤이 닥터 후, 닥터 후, 닥, 닥터 후,
닥터 후, 닥, 닥터 후."

당연히 '아무 말'이지만 우리나라 남성이라면 일정
나이 이하에서는 본능적으로 내용을 이해할 수 있다.
좀 더 연배 있는 세대라면 이후 몇 년의 세월 동안
마음속에 쌓인 잡동사니를 치우며 잠시 들여다봐야
이해할 것이다. 여성들은 그냥 헛소리로 받아들인
것 같다. 우리가 차트의 정상에서 한 주 이상 버틸
가능성을 0으로 줄인 요소이기도 했다.[86]
　　반면 스토크 에이트킨 워터맨[87]은 이 나라의

---

86. 21세기의 『닥터 후』가 얼마나 많은 여성 팬에게 인기 몰이를 하는지 당시의
KLF가 알았더라면.
87. 마이크 스토크(Mike Stock), 매트 에이트킨(Matt Aitken), 피트
워터맨으로 구성된 3인조 작곡, 프로듀싱 팀. 인터넷 이전 세대라면

7인치 싱글을 사는 소녀들의 감성에 그대로
꽂히는 코러스 가사 쓰기의 제왕이다. 노래 전체의
감성적 주제가 함축적으로 담긴 가사 한 줄을
치면서 코러스로 뛰쳐들어가는 것이다. 이는 물론
제목에서도 마찬가지다. 릭 애슬리(Rick Astley)가
데뷔 싱글의 코러스 첫 줄을 부른 순간 모든 건
끝났다. 1위 자리는 보장된 것이었다.

  "당신을 절대 포기하지 않아."

이 한마디면 끝이다. 나이가 몇이든 전국의 소녀들이
이상형에게 듣고 싶은 말이다. 그것도 모자라 이렇게
이어진다.

  "당신을 실망시키지 않아. 당신을 갖고 놀거나
  화나게 하지 않아."**88**

천재다.

바나나라마(Bananarama), 카일리 미노그(Kylie Minogue), 릭 애슬리 등
이들이 써낸 무수한 유로 댄스 히트곡에 친숙할 것이다. 인터넷 세대라면 데드
오어 얼라이브(Dead Or Alive)의 「유 스핀 미 라운드 (라이크 어 레코드) (You
Spin Me Round [Like A Record])」 정도일 테고.
88. 릭 애슬리의 「당신을 절대 포기하지 않아(Never Gonna Give You Up)」.
1987년에 발표한 곡으로, 5주 내내 UK 차트 정상을 지켰다.

이 가사를 쓴 순간 스토크 에이트킨 워터맨은 1위 자리에 전세 냈다는 사실을 직감했을 것이다. 그리고 1년도 채 지나지 않아 또 이런 코러스를 써낸다.

"난 정말 행운아, 행운아, 행운아, 행운아야. 난 사랑에 빠진 행운아야."[89]

우리의 『닥터 후』가 여성들에게 무의미한 것만큼 남성들에게도 아무 맥락이나 의미도 없겠지만, 여기에는 모리세이(Morrissey)[90] 작품 전집보다 훨씬 많은 의미가 있다. 이들에게는 딱히 유행어도 아닌, 그러나 무슨 이야기를 하고 있는지 전 국민에게 바로 와 닿을 만한 딱 한 구절을 찾아내 정확하게 사용하는 비상한 재주가 있다.

---

89. 카일리 미노그의 1988년 데뷔곡 「난 행운아인가 봐(I Should Be So Lucky)」. 앞에 등장한 릭 애슬리의 「영원히 함께(Together Forever)」를 2위로 밀어내고 차트 정상을 차지했다.

90. 스미스의 보컬리스트. 기타리스트 조니 마(Johnny Marr)와 불화 끝에 1987년 밴드가 해체한 이후 솔로 가수로 활동을 이어갔다. 『NME』가 꼽은 영국을 상징하는 아티스트 중 한 명이기도 하다. 마크 길(Mark Gill) 감독의 2017년작 「잉글랜드 이즈 마인(England Is Mine)」이 모리세이의 삶을 다루고 있다.

☆ "즐거움과 사랑과 돈"[91]

☆ "멋지게 나가자"[92]

☆ "확실해야 해"[93]

☆ "존경 따위는"[94]

☆ "토이 보이"[95]

☆ "찢어진 마음에 맹세해"[96]

수많은 매체가 이들을 비웃고, 이들이 얻을
위안이라곤 로열티뿐이다. 그러나 역사는 이들을
필 스펙터(Phil Spector)[97]와 친구들과 동급으로

91. 멜 앤 킴(Mel and Kim)의 1987년 히트곡 「F.L.M」.

92. 멜 앤 킴의 1986년 히트곡 「멋지게 나가자(주말은 기분 전환)(Showing Out (Get Fresh At The Weekend)」.

93. 카일리 미노그의 1988년 히트곡 「확실해야 해(Got To Be Certain)」.

94. 멜 앤 킴의 1987년 히트곡 「존경 따위는(Respectable)」.

95. 시니타(Sinitta)의 1987년 히트곡 「토이 보이(Toy Boy)」.

96. 시니타의 1988년 히트곡 「찢어진 마음에 맹세해(Cross My Broken Heart)」.

97. 음반 레코딩과 사운드메이킹을 예술의 경지로 끌어올린 대표적 인물 중 하나. 비치 보이스(Beach Boys)의 브라이언 윌슨(Brian Wilson)이 입만 열면 칭송한 프로듀서다. 그가 비틀스의 「렛 잇 비(Let It Be)」 앨범에 참여한 것을 폴 매카트니(Paul McCartney)는 질색했다고 하며 반면 존 레논이나 조지 해리슨(George Harrison)은 스펙터와 작업을 이어갔으니 다분히 상징하는 바가 있다. 스펙터의 전매특허는 '월 오브 사운드(Wall of Sound)'로, 온갖 악기의 소리를 두껍게 겹쳐 특히 라디오 전파를 탔을 때 단단하고 풍성하게 들리게 하는 기법이었다. 이 책이 쓰인 당시에는 그가 먼 훗날 자택에서 여성 배우를 살해한 혐의로 감옥에 갈 줄은 아무도 몰랐을 것이다.

올려세울 것이다. 워터맨은 입이 거칠고 거만한 아집
덩어리에 자아도취 종자지만, '지금' 들어야 하는 팝
음악에 대한 그의 진실하고 깊은 애정은 진심으로
존경할 만하다.

우리가 스토크 에이트킨과 워터맨과 함께
작업하며 보낸 시간[98]은 이제껏 우리가 팝
음악으로부터 배운 모든 걸 말끔히 정리해 남은 평생
간직하도록 해줬다.

마이클 잭슨(Michael Jackson)이 세계 최고의
가수일 수는 있다. 팝 역사상 어느 시대 어느
아티스트보다 앨범을 많이 팔기도 했다. 하지만 UK
1위는 얼마 되지 않는다. 만일 그가 이쪽 전선에서도
빛을 보고 싶다면 SAW 팀과 공동 작업을 하거나 이
책을 읽어야 할 것이다. 코러스를 어떻게 시작해야
하는지는 그도 배울 구석이 있을 것이다.

여기까지 쓰고 커피를 마시던 우리는 카페에
간 김에 스토크 에이트킨 워터맨풍의 끝장나는
코러스를 생각해냈다. 제목은 「사랑의 라이브(Live
In Lover)」인데, 시니타가 부르거나 대거넘 출신의
'샤론'이라는 이름의 금발 가수가 부르면 이상적일

---

98. 1986년에 해체한 밴드 브릴리언트(Brilliant)는 스토크 에이트킨과
워터맨이 프로듀싱을 맡은 바 있다. KLF의 지미 코티는 당시 브릴리언트의
멤버였고, 빌 드러먼드는 A&R로 참여하고 있었다.

것이다.

"사랑의 라이브, 영원히 사랑의 라이브가 돼줘."[99]

당신이 써도 좋다. 아니면 마지막 남은 염치까지
사라졌을 때 우리가 써먹어도 될 것이다. 벌써
눈앞에 선하다. 이름은 '샤론×KLF'로 활동하고,
비사이드[100]에는 '샤론 w/ 잼스'라고 넣어야겠다.
혹시 팝 스타가 되고 싶은 외모 단정한 샤론 씨가
있다면 부디 우리에게 연락 달라.

워터맨이 아직 써먹지 않은 최고의 가사를 쓰려
한들 동네 슈퍼마켓에 가서 계산원 아가씨들의
대화를 엿듣는 정도의 노력으로는, 아쉽지만 안 될
것이다. 가사는 머릿속에 문득 찾아와야 하고, 그럴
때 낚아채야만 한다. 12인치 그루브 트랙을 들으며
속절없이 흥얼거리는 것 말고 다른 방법은 없다.

분명 모리세이는 우리 시대 가장 위트 있는
제목 장인이다. 「셰익스피어의 누이(Shakespeare's

---

99. 번역해놓으니 어쩐지 트로트풍이라는 생각이 들지 모른다. 은유를 활발히
사용하며 보편적인 감성을 건드리는 트로트의 힘이 그만큼 크다는 방증 아닐까.
100. 바이닐이나 카세트테이프에는 뒷면이 있다. 싱글을 발매하면 뒷면에 다른
곡을 하나 더 넣는 게 보통이었는데, 이를 '비사이드(B-Side)'로 불렀다. 오늘날
케이팝 팬이라면 '커플링 곡'이라는 말이 더 익숙할지도 모르겠다.

Sister)」, 「여자친구의 코마(Girlfriend In
A Coma)」, 「윌리엄, 그건 정말 아무것도
아니었어(William, It Was Really Nothing)」는
훌륭한 고전이다. 그럼에도 이런 제목으로는 5위권
바깥을 보장받은 셈이다.

우리 히트곡에 「닥터린 더 타디스(Doctorin'
The Tardis)」 같은 제목을 붙인 건 실수였다. 빤히
알겠지만 우리는 콜드컷(Coldcut)의 「닥터린 더
하우스(Doctorin the House)」[101]를 패러디하려던
거였다. 곡을 만들기 전부터 정해둔 제목이었다.
우리에게 눈치란 게 있었더라면, 그냥 간단하게
'닥터 후'라고 하거나 최소한 '헤이! 닥터 후'라고
했겠지. 쓸데없이 잔머리를 굴리다가 벌 돈도 못
벌고 말았다.

코러스 가사에서 후회나 질투, 증오 등 어떤
부정적인 감정도 다루려 하지 마라. 그런 걸 잘

---

101. 콜드컷은 영국 레이브(rave) 신에서 존경받는 아티스트 중 하나다.
1980년대에 여러 히트곡을 통해 힙합 스타일과 브레이크 비트(break beat)를
대중적으로 확산시킨 주역이며 이 책이 나온 이후인 1990년에 레이블 닌자
튠(Ninja Tune)을 설립해 일렉트로닉과 힙합에 혁신적인 사운드를 공급해왔다.
2019년 현재까지 활발하게 활동하며 음악은 물론 오디오 비주얼 기술
측면에서도 시대를 앞선 비전을 제시한다. 「닥터린 더 하우스」는 1988년 2월에
발매됐는데, 흥미로운 점은 이를 패러디한 「닥터린 더 타디스」가 같은 해 5월에
발매됐다는 사실이다. KLF의 작업이 얼마나 빠르게 진행됐는지 짐작할 수 있는
대목이다.

담아내려면 아주 깊이 있는 보컬리스트가 필요한
법이다. 유럽에서 손꼽히는 발라더나 컨트리의 왕,
위대한 솔맨 같은 사람이 아니면 증오의 황태자
조니 로튼(Johnny Rotten)[102] 정도는 돼야 한다.
그냥 무의미하고 기분 좋게 적당히 즐길 수 있는
"당신이랑 밤새 춤추고 영원히 사랑하겠어요.
영원이 아니라면 최소한 아침까지는." 같은 게 좋다.
너무 관능적인 것도 안 된다. 그런 것도 끼가 있는
사람이나 한다. 이것만 기억하자. 클리셰와 따분한
클리셰는 다르며 곡을 직접 만들어 맥락을 아는 당신
말고는 아무도 그 차이를 모른다는 사실을.

그러니 코러스의 첫 줄에 사용할 좋은 제목을
찾아내고, 코러스가 여덟 마디를 넘지 않도록 하자.

★ 보컬과 보컬리스트: 부를 것이냐, 말 것이냐
지금쯤이면 걱정이 될 것이다. 어떻게 무대 중앙에
서야 할지, 또는 당신이 아니라면 누가 프런트맨
역할을 해줄지 말이다. 혹시 이미 자신이 훌륭한

---

102. 섹스 피스톨스의 보컬. 당신이 섹스 피스톨스의 사진을 단 한 장
보았다면, 거기서 눈에 띈 건 조니 로튼일 가능성이 높다. 그런 막장 이미지에
비해 음악적으로는 꽤나 진지해서 아프리카 밤바타(Afrika Bambaataa)와
협연하는 등 다채롭고 혁신적인 활동을 이어갔다. '썩었다'는 뜻의 '로튼'은
엉망이었던 치아 상태에서 비롯한 예명이라고 한다.

보컬리스트이며 마침 프런트맨으로서도 제격이라고 생각한다면 이건 문제가 크다. 그런 비대한 자아로는 이제부터 해야 할 어떤 일에 대해서도 객관화가 안 될 테니 말이다. 대대로 보컬리스트들은 자기 음반의 프로듀서로서 최악이었다. 이유는 간단한데, 보컬리스트는 퍼포먼스에 감정적으로 깊이 연루되기 때문에 어떤 밑그림을 그려도 소용이 없다. 최소한 방향을 제시해줄 수 있는 음악적 파트너가 필요하다. 만일 보컬리스트도 자기 작업을 계산적으로 바라볼 수 있을 정도라면 그 결과물은 의심의 여지 없이 싸늘하고 공허할 테다.

그러니 자신이 보컬리스트라고 생각한다면, 뭐 하나라도 더 하기 전에 빨리 파트너부터 찾아라.

보컬에 욕심이 없다면 운이 좋은 것이다. 팝 음악의 역사상 우리는 반드시 보컬이 아니라도 다른 요소로 노래의 감정을 전달하고 히트곡이 될 수 있는 시대에 들어섰다. 1963년 비틀스가 세계 무대에 진출한 이래 거의 잊힌 바로 그 사실이다. 우리는 이를 되새겨준 DJ 스타일 음반의 도래에 다시 한번 감사해야 한다.

클럽 DJ는 (이들의 선조 격인 1930~50년대의 댄스 밴드 리더처럼) 가장 중요한 건 댄스 플로어를 꽉 채우는 일이며 (과거에 그랬듯) 댄서들을 계속

움직이는 건 곡의 뼈대가 되는 그루브임을 알고
있다. 거기에 보컬을 더하는 건 언제나 집중도를
떨어뜨릴 뿐이었다. 모든 것의 핵심은 무대 위가
아니라 댄스 플로어에서 벌어지는 일인데 말이다.

균형 잡힌 해결책은 보컬 코러스와
인스트루멘탈 버스를 두는 것이다. 이런 형태의 곡은
앞으로 고귀한 스크래칭과 뻔뻔한 샘플링의 시대가
닳아빠진 뒤에도 한참이나 차트 뮤직의 상당 부분을
차지할 것이다.

크게 히트하는 데뷔 음반은 특히 그렇다.
데뷔 음반이 히트하려면 전적으로 신선한 감각에
호소해야 한다. 발매되면 달려가 사줄 팬덤도 없다.
듣자마자 목소리를 알아채 줄 사람도 없다. 최소 세
곡은 들어본 뒤가 아니라면 사람들은 그 아티스트의
목소리가 좋고 나쁜 건 신경 쓰지 않는다.

탁월한 가수는 수백만 장의 앨범을 팔고,
놀랍도록 성공적인 긴 커리어를 이어나갈 수는
있어도, 목소리 자체가 데뷔 싱글을 1위에 올려주는
건 아니다. 아레사 프랭클린(Aretha Franklin)이
1위에 오르는 것보다 베니 힐(Benny Hill)이
「어니(Ernie)」로 1위에 오르는 게[103] 훨씬 빠르다.

---

103. 베니 힐은 영국의 인기 코미디언이다. 1960~70년대에 여러 장의 음반을
발표했는데, 그렇다고 『갈갈이 패밀리 크리스마스』와 비교할 수준은 아니다.

1위에 오르는 데 보컬이 기여하는 경우가 있다면, 그건 보컬이 너무나 탁월해서 온 세상이 우스꽝스러울 정도로 자극받아 즉각적으로 반응하지 않고는 못 견딜 때다. 당장 떠오르는 예는 「지노(Geno)」에서의 케빈 롤랜드(Kevin Rowland),[104] 르네 앤 레나토(Renée & Renato)의 「세이브 유어 러브(Save Your Love)」, 조 카커(Joe Cocker)의 「위드 어 리틀 헬프 프롬 마이 프렌즈(With A Little Help From My Friends)」가 있다. 히트곡 기네스북을 뒤져보면 수십 곡 정도는 더 나올 것이다.

그러니 구매자들의 귀를 단번에 사로잡고도 음반의 맥락에 녹아들 수 있는 터무니없이 뛰어난 보컬리스트와 알고 지내는 사이가 아니라면, 잊어버려라. 어차피 1위 히트곡을 갖지 못한 괜찮은 가수는 세상에 널렸다.

코러스의 보컬 녹음은 아주 쉽게 처리할 수 있다. 대단하고 각별한 실력자를 구할 필요는 없다.

그러나 개그 소재로 사용되는 등 어쨌든 코미디언이 발매한 음반의 범주를 벗어나지는 않는다. 특기할 점으로는 「어니」가 1971년 실제로 UK 차트 1위에 올랐다는 것.

104. 「지노」를 부른 덱시스 미드나이트 러너(Dexys Midnight Runners)의 보컬리스트.

스튜디오에서는 백업 가수 한두 명은 불러다 줄
것이다. 스튜디오란 곳은 원래 어떤 세션이라도
참여하고자 안달 난 동네 보컬리스트들과 연이 있게
마련이다. 당신은 남성, 여성, 혼성 중에서 결정만
하면 된다. 물론 「닥터린 더 타디스」처럼 '남정네들
떼창' 코러스를 원한다면 스튜디오 주위에서
어정거리는 아무나 다 끌어들이면 그만이다. 그러면
비용을 제대로 지불할 필요도 없다. 녹음실에서
한 번 웃고 소리 좀 질렀다고 돈 달라고 할 사람은
없으니까. 맥주나 한 병 건네면 그저 좋다고 할
것이다.

보컬리스트는 실력을 떠나 하나같이
골칫거리다. 곡이 30위권에 들어 1위를 향해 달려야
할 시점에 시간 약속을 놀랍도록 어김으로써
촘촘하게 짜인 일정에 재앙을 일으키곤 할뿐더러
자기 역할까지 혼동해 부르라는 노래는 안 부르고 전
세계의 지도자가 되려는 경향이 있다.

대부분의 청자에게 버스 부분에서 들려오는
보컬과 가사는 그저 반주의 전체적인 사운드에
녹아든 존재에 불과하다. 그러니 가사는 아무
말이어도 무방하고, 코러스의 가사만이 실질적으로
중요성을 지닌다. 물론 예외도 있어서 고전적인
서사성을 띤 곡이 폭풍 같은 기세로 1위까지 올라갈

때도 있다. 이런 경우는 노력으로 되는 게 아니며,
이 기묘한 히트곡을 연주한 당사자들이야말로
누구보다 놀랄 거라고 확신한다. 그러니 모든 일을
망치는 한이 있어도 그 같지도 않은 이야기를
꼭 들려줘야겠다는 심산이 아니라면, 우리 말을
새겨들어라.

　　TV에 출연할 때 보컬은 카메라맨이 초점을
맞추는 대상이 돼 안방 시청자들이 강제로 얼굴을
보게 된다. 그들의 입에서 나오는 말이 딱히 의미
있어서가 아니라 그저 매체의 쉽고 전통적인
방식일 뿐이다. 사실 「톱 오브 더 팝스」에 출연하는
보컬리스트 대부분은 조롱거리가 된다. 안방
시청자들은 그의 코 크기나 셔츠 취향, 머저리 같은
머리 모양을 논의하면서 이들이 얼마나 한심한지,
자기라면 같이 잘 수 있겠는지 이야기하며 소일한다.
이렇게 성차별적인 조리돌림을 해대는데 진정한
흠모의 감정이 생겨날 수는 없다. 어쨌든 TV에는
누군가를 내보내야만 한다. 사람들에게는 인간의
형체를 한 이입할 대상이 필요하기 때문이다.
황금시간대 TV에 3분 동안 노출될 기회가 생겼다면
이때 무슨 수를 써서라도 전 국민의 관심을 끌어내야
함과 동시에 프로그램 PD도 만족시켜야 한다.
1988년 상반기에는 여러 명의 DJ가 테크닉스

턴테이블 뒤에 가만히 서서 어떻게든 있어 보이려 안간힘을 썼다. 그런 걸 보고 신기해하는 것도 하루 이틀이다.

전 국민의 관심을 받는 방법은 뒤에서 정리하겠다. 일단 곡을 쓰고 녹음을 하자.

특정 가수나 밴드를 향한 사춘기 소녀들의 헌신적 열광은 두 번째나 세 번째 싱글은 돼야 효과를 발휘한다. 뜨는 기세 또한 두 번째 싱글쯤 냄새를 풍기기 시작해 세 번째 싱글에서야 정상에 도달한다. 이 장의 핵심인 가수의 목소리나 매력이 진짜 중요해지는 건 데뷔 이후의 이야기다.

★ 버스: 베이스 리프[105]의 힘
그럼 이제 보컬 걱정일랑 접어두고 버스(verse)를 만드는 작업에 뛰어들어보자.

앞에서 선택한 그루브 위에 이제는 노래 전체의 뼈대가 될, 또는 적어도 버스 부분의 뼈대가 될 베이스라인을 얹어야 한다. 베이스라인이 무엇인지 아주 상세하게 서술하려 드는 건 의미 없겠고,

---

105. 리프(riff)는 주로 마디 단위로 일정하게 반복되며 곡을 이끌고 나가는 선율을 뜻한다. '신스 리프'나 '코드 리프' 같은 표현도 있지만 가장 흔하게는 저음에서 멜로디 위주로 깔리는 기타나 베이스를 지칭하는 데 사용된다. "1980년대 최고의 기타 리프 50선" 등이 대표적 표현이다.

일단 꿈틀거리며 음반의 흐름을 이끌어나가는
요소라고만 하겠다. 옛날 같으면 베이스 연주자가
담당했겠지만, 이제는 전부 프로그래밍된 키보드로
연주한다. 진짜 베이스기타 같은 소리를 원한다
해도 샘플링된 베이스 기타 소리로 프로그래밍한다.
베이스에 엄지를 후려치는 또라이를 끌어들이는
것보다 훨씬 편한 길이다.

그루브에 이미 끝장나는 베이스라인이 들어
있을 수도 있다. 그걸 굳이 기를 써서 다 들어내고
다른 라인으로 바꿔치기하다 보면 이미 얻은
걸 다 망칠 수도 있다. 세상에는 써먹을 만한
괴물 같은 베이스라인이 잔뜩 있다. 들으면 감이
온다. 거의 자동으로 따라 흥얼거리는 그런 라인
말이다. 베이스라인의 멋진 점은 이게 공공재나
마찬가지라는 사실이다. 아무도, 심지어 듣고
알아낸다고 해도, 남의 베이스라인을 베꼈다고
당신에게 진지하게 뭐라고 할 사람은 없다.

마이클 잭슨에 대해 앞에서는 끝내주는
1위 히트곡의 코러스를 만들어내지는 못하는
사람이라고 말했지만, 그도 베이스라인만큼은
제대로 만들어냈다. 「빌리 진(Billie Jean)」은
마이클 잭슨 커리어의 전환점이었다. 이 노래는
그를 자타공인 성층권급 스타로 만들어 오늘날

그의 신화를 세웠다. 그런데 사실 「빌리 진」은 스라소니가 어슬렁대는 듯한 특유의 베이스라인이 없으면 껍데기뿐이다. 마이클 잭슨이 처음 사용한 라인도 아니다. 과거에 다양한 아티스트들이 수많은 댄스 트랙에서 사용했던 것이다. 마이클 잭슨과 퀸시 존스(Quincy Jones)는 어느날 저녁 에어컨 잘 돌아가고 무드 있는 조명이 켜진 LA의 스튜디오에서 당구대에 둘러선 채 의문을 가졌을 것이다. "이다음엔 어쩌지?" 그중 누군가 이 늙은 스라소니를 데려올 생각을 해냈을 것이다. 1981년에 그 결정을 하지 않았다면, 1988년 펩시 후원 대축제[106]도 열리지 않았을 것이다.

마이클 잭슨이 지닌 진정한 재능을 조금이라도 깎아내리려는 건 아니다. 그저 끝장나는 베이스라인의 중요성을 강조하고 싶을 뿐이다.

심각한 그루브 성애자들이라면 버스에서는 다이너마이트 같은 베이스라인을 선보이다가 코러스가 시작되면 코드가 바뀌면서 살벌하던 비트에서 베이스를 끌어내리더니 나긋나긋한 코드 진행으로 이어지는 걸 무척 싫어한다. 이들이 보기에는 차라리 내다 버리고 싶은 애들 자장가 같은

---

106. 마이클 잭슨의 『배드(Bad)』 투어는 1987년부터 1989년까지 123회의 공연으로 이뤄졌고, 이때 후원사가 펩시였다.

걸 넣느라 곡 전체의 흐름을 망쳐버리는 행위다.

그래도 이 상반된 두 요소는 함께 맞물려 돌아가야 하고, 코러스의 힘이나 베이스 리프의 추진력이 손상되는 일도 없어야 한다. 이상적으로는, 노래가 코러스로 넘어갈 때면 버스의 긴장이 풀어지면서 모든 게 너무나 자연스러운 수순처럼 느껴져야 한다. 그리고 코러스가 끝날 때쯤 다시 그 악랄하게 옥죄는 베이스라인 속으로 미끄러져 돌아가고픈 마음이 들어야 한다.

그루브 성애자 중에는 노래의 시작에서 끝까지, 인트로, 코러스, 버스, 브레이크다운, 아웃트로 어디에도 같은 베이스 리프가 절묘하게 들어맞도록 해내는 대단한 요령과 재능을 지닌 이들이 있다. 이렇게 만들어진 노래가 댄스 플로어에 국한되지 않는 범용성까지 갖추려면 그야말로 리프의 신이어야 한다. 베이스라인 위에서 뭔가가 고집스럽게 자꾸 들려서 가벼운 라디오 청취자들의 관심도 끌어야 한다. 「빌리 진」조차도 베이스 리프에서 코러스로 옮겨가지 않았나.

일단 버스에 관해 당장 결정할 사항은 베이스 리프와 함께 그루브 트랙의 다른 어떤 요소들을 가져다 쓸까 하는 것뿐이다.

★ 인트로

간단하다. 고전적인 방법은 코러스의 인스트루멘탈 버전을 쓰는 것이다. 가끔 인트로에서 보컬 코러스 전체가 다 나오기도 하는데, 이러면 대개 너무 일찍 다 내줘버리는 꼴이 된다. 또 다른 흔한 인트로는, 노래가 완성될 때까지 온갖 요소를 다 쏟아 넣는, 믹싱 단계에서 만들어진다. 이거라면 믹싱을 담당하는 엔지니어에게 맡겨버려도 된다. 음반의 문을 여는 독창적인 아이디어로 넘쳐나는 사람들이다. 이들은 대개 슬쩍 앰비언스를 들려주기를 좋아하는데, 그게 뭔가 있어 보인다고 생각하는 경향이 있기 때문이다. 뭐가 됐든 괜찮은 걸 가져오면, 사용하면 된다. 우리도 원래는 그렇게 하려고 했는데, 나중에 라디오 PR 담당자의 말을 듣고 코러스를 이상하게 비튼 버전을 인트로에 갖다 붙이게 됐다.

★ 브리지[107]

이건 생각도 하지 마라. 음악적으로 성숙한

---

107. 브리지는 곡의 다양한 대목을 의미할 수 있다. 흔히 마지막 후렴이 반복되기 전에 새로운 테마가 등장하는 부분도 브리지라고 부른다. 이 책에서는 버스와 코러스를 연결하는 부분을 일컫는데, 코러스의 앞부분이란 뜻에서 '프리코러스(pre-chorus)'라고도 한다.

사람들이나 하는 것이다. 설령 만들게 되더라도
어차피 스튜디오에서 이뤄질 것이다. 버스의
베이스 리프에서 노래를 끌어 올려 코러스의
환희로 연결하는 좋은 아이디어를 프로그래머가
가져올지도 모른다. 거듭하는 말이지만 괜찮은 게
나오면 그냥 가져다 써라.

　단, 음반 제작에 직접 관련된 누군가 브리지의
코드라도 하나 만들어줬다면 그에게는 저작권의
일부를 당당히 차지할 권리가 생긴다. 물론 당신
곡이 1위 히트곡이 되는 데 도움이 될 일이라면
밥그릇 좀 떼어줘야 한다고 마다해서는 안 된다.

★ 브레이크[108]
이것도 스튜디오에 들어가기 전 단계에 당신이 직접
고민할 게 아니다. 노래 전체의 구조도를 그릴 때
브레이크의 길이를 마디 수로 표시만 해두자. 버스의
베이스 리프를 그대로 사용하거나 어떤 신묘한
변주를 가하거나 프로그래머가 구상해줄 것이다.

　또는 믹싱할 때 엔지니어가 트랙을 전부 뜯어

---

108. 반복되던 노래가 후반부에 결정적으로 변화하게 되는 부분. 보컬리스트가
노래를 계속한다면 보통 새로운 멜로디를 부르게 되는데, 이럴 때 이 부분을
'브리지'라고 부르는 편이다. 전형적인 케이팝 곡에서는 갑자기 래퍼가 뛰쳐나와
한바탕 날뛰는 대목. 보컬이 빠질 경우 한국에선 흔히 '간주'라고 부른다.

다시 쌓는 과정에서 스튜디오 마술과 요술을 부려
마지막 코러스로 돌진하는 파트를 만들어줄 것이다.

흘러간 시대에는 여기에 솔로를 넣고는 했다.
요즘 시대에 솔로란 방해만 되는 존재다. 그렇지
않으려면 스튜디오에서 사운드를 조각하는 과정에
잘 들어맞으면서도 동시에 환상적인 임팩트를
남겨야만 한다. 기타리스트를 데려다가 진짜 좋은
기타 솔로는 어떤 사운드여야 한다는 자신만의
이론이나 들어주는 건 있어선 안 될 일이다. 현대의
팝 음악에서 기타 솔로가 가치를 지니는 경우란
건, 정말 너무도 뛰어난 실력으로 어떤 감정적
깊이도 없이 극악무도하게 오버할 때뿐이다. 이런
유형의 기타 솔로는 헤비메탈이 톱 10 차트 음악에
보답으로 돌려준 얼마 안 되는 것 중 하나다.
여기서도 또 마이클 잭슨의 이름이 나온다. 다 그가
『스릴러(Thriller)』 앨범에 에디 밴 헤일런(Eddie
Van Halen)[109]을 데려오는 바람에 이렇게 된
것이다. 그러니 에디처럼 연주할 수 있는 친구가
있다면 모를까, 없다면 관둬라.

의미 없는 솔로를 넣는 마지막 이유는 음반이

---

109. 밴 헤일런(Van Halen)의 기타리스트. 당신 주위에 록에 미쳐 있거나
미쳤던 아재가 있고, 그가 눈물을 쏟는 모습을 보고 싶다면 그의 귀에 이 이름을
속삭여주면 된다.

나왔을 때 지루하지만 테크닉적으로 완벽한 솔로가
들어 있음을 언론에 알려 즉석에서 관심을 끌어보는
가짜 평판을 얻기 위함이다. 현재[110] 검증된 객원
연주자로는 트럼펫에 마일스 데이비스(Miles
Davis), 색소폰에 코트니 파인(Courtney Pine),
하모니카에 스티비 원더(Stevie Wonder)가 있다.
검증되지는 않았지만 제법 흥미로울 만한 인물로는
지미 페이지(Jimmy Page)나 주니어 워커(Junior
Walker)가 있겠다. 하지만 진심으로 말리고 싶다.
지미 헨드릭스(Jimi Hendrix)라도 데려다 쓸 게
아니라면.

객원 연주자가 1위 히트곡에 기여한 마지막
사례는 차카 칸(Chaka Khan)의 「아이 필 포 유(I
Feel For You)」에서의 스티비 원더였다. 결국
라디오 1에서 DJ가 한마디 덧붙일 거리가 되거나,
잘해야 『뉴스비트(Newsbeat)』[111] 인터뷰를 따내는
데 도움이 되는 게 고작이다.

작곡가들이 피아노 앞에 앉아서 머릿속의
멜로디를 떠올리고, 손으로 코드를 더듬어 찾아가며
장인처럼 곡을 쓰던 시절, 멀티 트랙 레코딩

---

110. 1980년대 후반.
111. BBC 라디오 1의 뉴스 프로그램. 일반적인 뉴스보다 젊은 층을 겨냥하며
대중문화를 많이 소개한다.

스튜디오가 현대적인 음악 작업의 필수품이 되기
한참 전 그 시절에는, 노래의 이 부분을 '미들
에이트(middle 8)'로 불렀다. (중간 여덟 마디니까.)
작곡가들은 색다른 코드 진행과 신선한 새 멜로디를
집어넣으며 즐거움을 찾곤 했다. 이런 기술도 여전히
매력적이지만, 곡을 쓰는 장인정신에 자부심을
느끼는 사람들이나 계속하라고 하자. 요즘에는
엘튼 존(Elton John)마저 굳이 그렇게 하지
않는다. 스크리티 폴리티(Scritti Politti)[112]의 그린
가츠사이드(Green Gartside) 같은 사람이나 하는
일이다.

★ 아우트로
밴드 전체가 스튜디오에 들어가 노래를 녹음하던
시절에야 연습으로 잘 맞춰진 타이트하게 끊는
엔딩에 자부심을 느꼈을 것이다. 코러스를

---

112. 1977년에 결성된 영국의 밴드. 펑크와 맑시즘의 영향권에서 출발했지만,
1980년대 들어 팝으로 급격히 선회했다. 어떻게 들어도 스튜디오에서
어마어마한 시간을 보냈을 게 분명해 보이는 섬세하고 탄탄한 프로덕션의
달콤한 신스팝에, 가사는 언어와 권력의 정치학을 담곤 했다. 앞에서 언급한
마일스 데이비스 또한 스크리티 폴리티의 1988년 곡 「오 패티(Oh Patti)」에서
데이비스가 솔로로 연주한 걸 두고 한 이야기로 보인다. 사실 데이비스는
1986년에 스크리티 폴리티의 「완벽한 방법(Perfect Way)」을 리메이크하기도
했다.

반복하면서 페이드 아웃하거나 반복 후에 다시
인트로 부분의 앰비언스로 돌아올 수도 있다. 거듭
말하지만 믹싱 엔지니어가 해답을 줄 것이다.

★ 삽입구
어떤 음반은 섹션이 넘어갈 때 한두 마디가
추가된다. 음악이 대부분 멈추고 한두 가지
소리만 공중에 매달린 듯 이어지다가 트랙 전체가
쏟아지면서 다음 섹션으로 넘어가는 것이다. 딱히
부르는 이름이 있는지는 모르겠는데 극적인 효과를
더하는 데 사용한다. 우리가 직접 하기에는 조금
까다로운 작업이지만, 혹시 프로그래머가 권할 수도
있다. 그럴 경우에는 한번 맡겨봐라.

　　이제 다 됐다. 히트곡에 들어가는 모든 걸 다
설명했다. 『나우』나 『히츠』 컴필레이션을 다시
들어보며 곡마다 섹션을 구분해보고, 마디 수도
세봐라.

★ 조성, 음정, 코드
장조 열두 개와 단조 열두 개가 있다. 각 조에는
음정 여덟 개가 있고, 그중 여덟 번째 음정은 첫 번째
음정의 한 옥타브 위 똑같은 음정이다. 둘 이상의
음정이 동시에 연주되는 게 코드다. 각 조에는 기본

메이저 코드 세 개, 기본 마이너 코드 세 개가 있다.

이런 걸 다 알아야 할 필요는 없지만, 내킨다면 알아둬도 좋다. 하나의 노래는 하나의 조에 맞춰 녹음된다. 어떤 조가 돼야 할지는 프로그래머에게 맡겨도 된다. 당신이 고른 기본 그루브와 같게 해달라고 하면 된다. 히트곡 중에는 후반에 조를 바꾸는 곡도 있다. 맥이 빠지기 시작할 때쯤 드라마틱한 효과를 부여하려는 것이다.

재거 앤 에반스(Zager and Evans)[113]는 1969년 히트곡 「2525년에는(In The Year 2525)」을 만들 때 전례 없는 방식을 택했다. 새 버스가 시작할 때마다 음정을 한 키씩 올린 것이다. 이로써 음반의 만듦새는 어마어마하게 훌륭해졌다. 오늘날 7인치 싱글 구매자들은 이런 걸 받아들이지 않겠지만.

---

113. 대니 재거(Danny Zager)와 릭 에반스(Rick Evans)로 구성된 듀오. 본문에 언급되는 「2525년에는」은 2525년, 3535년, 4545년으로 뻗어나가는 인류의 미래에 대한 상상을 담은 곡으로, 기계에 대체돼 눈도, 치아도, 배우자도 필요 없어지다가 9595년쯤 신이 인류를 멸망시킨다는 내용이다. 인류 문명에 대한 암울한 경고지만 지금 보자면 96세기까지 인류가 지속된다니 낙관적으로 보이기도 한다. 반면, 재거 앤 에반스는 이 곡이 히트한 뒤 2년 만에 해체했다. 영국과 미국 모두에서 1위에 오른 흔치 않은 히트곡이었고, 그런 히트곡을 낸 뒤 양국 어디 차트에도 오르지 못한 현재까지 유일한 아티스트다.

금요일 아침

금요일 아침. 스튜디오에 전화한다. 다음 주 월요일
아침 11시에 시작할 준비가 다 됐는지, 프로그래머가
제시간에 도착하는지 확인한다. 금요일 밤까지는
제목, 그루브, 베이스라인, 그리고 일요일 저녁에
욕조에 누워 따라부를 수 있을 후렴의 가사와
멜로디를 완성해야 한다. 노트에 7인치 버전의 기본
구조를 적어두자.

주말

주말은 그냥 느긋하게 보낸다. 뮤직비디오와 「톱
오브 더 팝스」에 출연하는 모습을 상상하면서
인터뷰에서 무슨 말을 할지, 당신이 1위에 오른
사실을 알면 옛 학교 선생님이 무슨 생각을 할지
망상해본다.

음반 커버를 어떻게 꾸밀지, 12인치 믹스에 어떤
한심하고 새디스틱하거나 야한 사운드를 샘플링해
넣을지, 되는대로 구상해본다. 친구들에게는 어떤
괴상한 아이디어가 있는지 알아본다. 거만 떨지 말고
친구들의 제안을 이용하자. 다들 좋아할 것이다.

금요일 밤과 토요일과 일요일을 즐겁게
보내라. 그 뒤 이어지는 한 주는 당신 인생에서
가장 지독한 나날이 될 것이기 때문이다. 애초에 '이
책을 읽지 않았더라면...' 하면서 이 내용을 행동에
옮겨보기로 마음먹은 자신을 후회하게 될 것이다.
때로는 자살만이 유일한 출구처럼 느껴질 것이다.
앞으로 수년 동안 재정 파탄이 펼쳐질 것이다. 채무
불이행으로 감옥이나 안 가면 다행일 것이다.

지금까지 우리의 글이 냉소로 점철돼 있다고
느꼈을지도 모르겠다.

냉소가 진정 끔찍하고 볼썽사나운 짓이 되는

건 억울하고 한 맺힌 사람들이 발휘할 때다. 삶의
무게와 안간힘을 감당하기 위해서기 때문이다.
그러나 자신을 위해 잘 가다듬어진 냉소는
사기꾼들이 만들어낸 신화의 벽을 넘어 우리가 능히
해내고 가질 수 있는 걸 나눌 수 있는 수단이 된다.
언제나 냉소는 우리 동료 시민들의 본질적인 선함에
대한 믿음과 균형을 갖춰야 한다. 사실 나쁜 인간이
되려는 사람은 없다. 방아쇠를 당길 때나 맑은 날
우산을 강매할 때조차도.

꼼수를 통해 세상의 정상에 오를 수는 없다.
누구나 담아내고픈 선함을 가꿀 때 세상의 문은
당신을 향해 열린다.

우리는 모두 끝없는 환상의 능력이 있다.
그것이야말로 천재의 연료다. 두려워하지 마라.
뚜껑을 열고 연료가 흘러나오게 해라. 앞에서
이야기했듯 한 장의 음반은 그 안에 든 구성 요소의
합보다 크다. 각 요소를 만드는 과정을 아무리
건조하게 계산하더라도 우리의 개성은 음반에 담겨
세상에 나간다.

환상은 파고들수록 위험한 영역일 수 있다.
도망치기 위한 비현실적인 공간이니까. 그럼에도
환상은 모든 게 시작되는 곳이기도 하다. 개성이
자라나는 곳 말이다. 아무리 돌다리를 열심히

두드려보고 건너려 해도 막상 발을 내딛는 순간 모든 게 무너져내려 폐허가 되는 곳이기도 하다. 두려워하지 말고 환상 속으로 뛰어들어라. 멀리까지 헤엄쳐 나가 당신 곁을 누비는 희한한 물고기들을 구경해라. 가져올 수 있는 건 가져와라. 이렇게 구해온 것들이 7인치 싱글의 엄격한 황금률 틈으로 자신을 투사하는 소재가 된다.

환상 없이는 아무것도 안 된다. 환상을 통해 인간은 나무에서 내려와 동굴을 탐험하기 시작했고, 그렇게 아인슈타인은 상대성이론을, 예수는 승천을, 레오나르도는 모나리자를, 히틀러는 제3제국을, 베티 포드(Betty Ford)[114]는 재활 센터를 이룩했다.

---

[114]. 미국의 제38대 대통령 제너럴 포드(General Ford)의 영부인. 그가 1982년에 설립한 베티 포드 센터(Betty Ford Center)는 캘리포니아의 알코올 및 약물 중독 재활 전문 클리닉으로, 수많은 유명인이 이곳에서 새 삶을 찾았다. 이들의 이름은 웹에서 쉽게 찾아볼 수 있으니 명예를 위해 여기에 따로 언급하지는 않겠지만, 인기 애니메이션 『심슨(The Simpsons)』의 아홉 번째 시즌에서 광대 크러스티(Krusty)도 이곳에 입원한다.

일요일 밤

일요일 밤. 브루노 브룩스의 「톱 40 쇼」를 다시 한번 듣는다.

목욕을 한다. 이번 주가 끝날 때까지 다시는 이런 기회가 없을 것이다. 등을 밀면서 당신 곡의 코러스 부분을 불러본다.[115] 그렇게 그냥 잘 쉰다.

---

115. 집에 욕조가 없다면 찜질방이라도 다녀온다. 다만 공공장소에서의 고성방가는 타인에게 불쾌감을 줄 수 있으며 누가 당신의 멋진 코러스를 훔쳐갈지도 모르니 주의한다.

24트랙 스튜디오에서 닷새를

월요일 아침. 이제는 돌이킬 수 없다. 조금이라도
물러났다가는 지인들에게 완전히 찌질이로
낙인찍힐 것이다. 이런 짓에 엄두를 내다니 뽕 맞은
얼간이라는 소리를 들을 수도 있으며 심지어는
그래도 도전해본 당신에 대해 그들이 깊은 존경과
감탄을 남몰래 품는 일까지 벌어질지 모른다. 그뿐
아니라 스튜디오 취소 위약금까지 물어야 할 텐데,
최소 1주일 사용료의 절반은 될 것이다.

적절한 교통수단을 골라 15분 전에는 도착해라.
음반과 기네스북, 노트, 검정 펜텔 펜을 꼭 챙겨라.

서류 가방이나 다이어리는 가져가지 마라.
마이너리그 그룹 매니저처럼 보이는 위험에 처할 수
있다.

스튜디오에 도착하면 스튜디오 실장에게
자기소개를 하고 주방을 찾아 주전자에 물을 올려라.
차 한 잔 없이 스튜디오의 하루는 시작되지 않는다.

레코딩 스튜디오에 처음 들어서면 자연히
장비들에 감명받을 것이다. 기죽지 마라. 전부
당신을 위해 일하려고 가져다 둔 것이다. 수천
개의 다이얼, 노브, 페이더가 엔지니어의 손끝에
놓여 있고, 그는 모두 어디에 사용할지 잘 알고

있다. 더 쫄릴 수도 있지만, 당신이 스튜디오에
들어서기 직전까지 그는 『스튜디오 위클리(Studio
Weekly)』나 뒤적거리고 있었을 가능성이 아주 크다.
경쟁에 뒤처지지 않기 위한 모든 스튜디오의 머스트
해브 신상 장비에 관한 기사를 읽다가 여긴 그
장비도 없는 오디오 테크놀로지의 하류임을 당신이
알아차릴까 봐 전전긍긍하고 있을지도 모른다.

프로그래머는 벌써 도착한 뒤 장비를 세팅했을
것이다. 두 사람과 함께 자리에 앉아라. 필요하다면
차를 한 잔 더 가져오고, 이들에게 솔직하게
털어놔라. 속임수를 쓸 생각은 말자. 미래의 1위
히트곡을 만드는 게 목표라고 말하자. 당신이 갈취해
사용하기로 한 그루브 트랙을 들려주고, 후렴구를
불러 들려주면서 7인치 버전이 어떻게 이뤄질지
그려둔 구조도를 보여줘라. 엔지니어에게는
스튜디오를 살짝 안내해달라고 하고, 각각의
장비가 어떤 일을 하는지 간략히 알려달라고 하자.
프로그래머에게는 그의 컴퓨터, 키보드, 샘플러 등이
뭘 할 수 있는지 설명해달라고 하고 미디(MIDI,
Musical Instrument Digital Interface)[116] 혁명의

---

116. 사실 미디는 원래 디지털 악기와 장비가 서로 신호를 주고받기 위한
인터페이스 규칙을 가리킨다. 굳이 말하면 악보 체계 같은 것이다. '내가 1번
깃발을 올리면 피아노(를 닮은 소리)로 연주하라는 뜻이야.' 같은 신호인

세계를 슬쩍 탐험한 뒤 엔지니어에게 에어컨 온도를
조정해달라고 하자.

프로그래머에게 당신의 7인치 버전을 6분까지
늘려서 12인치 믹스도 만들어달라고 한 뒤, 이제
두 사람이 알아서 하도록 내버려둬라. 자기 할 일을
알아서 하는 사람들이고, 당신은 하루 동안 그들이
몰두할 일거리를 줬다. 테크닉에 관심이 있는
편이라면 지켜보며 어깨너머로 배우는 것도 좋고,
아니라면 뒤로 물러앉아 이따금 그들이 던진 질문에
대답이나 해줘라. 소리가 마음에 안 들면 말해줘라.
멋진 소리가 나도 마찬가지다. 언제나 격려해줘라.

스튜디오에 테이프 담당 막내가 있다면 지금쯤
차를 날라대려 할 것이다. 아니라면 따로 이야기해서
엔지니어와 프로그래머가 마실 수 있는 한 몇 잔이고
가져다주자. 원하는 스타일을 묻는다면 A, B, C는 X,
Y, Z 음반처럼 해달라고 답하면 된다. 현대의 음반
제작 현장에서 의사소통 대부분은 남의 음반의 구성
요소와 분위기를 들먹이는 방식으로 이뤄진다.[117]

것이다. 물론 실질적으로는 전자 악기나 디지털 음악 작업 환경 전반을 일컫는
용어가 됐지만.

117. 지겹게 들어온 단어 '레퍼런스(reference)'가 여기서 등장한다.
레퍼런스는 베낄 대상이란 의미보다 추상적인 느낌이나 사운드, 질감, 분위기
등을 소통하기 위한 참조 대상을 가리킨다. 이상적으로는 레퍼런스의 특징을
분석하고 상대가 원하는 느낌을 파악한 뒤 자기 식으로 비슷한 결과를 내게

이쯤 되면 당신이 잉태한 음반이 듣도 보도
못한 생명력으로 당신을 사로잡는 게 느껴지기
시작할 것이다. 돛단배를 타고 가다가 갑자기
어디선가 한 줄기 바람이 불어와 돛을 부풀리듯이.
당신이 할 일은 방향타를 붙잡고 항구에서 반짝이는
불빛으로부터 눈을 떼지 않는 것이다. 배에 들어온
물을 퍼내는 일은 선원들에게 맡겨라. 돛을 조정하는
것도 마찬가지다. 노를 젓는 일도 선원들의 일이다.
잊지 마라. 당신이 방향타에서 손을 떼고 선원들을
거드는 순간 배는 산으로 간다. 당연히 일요일 저녁
7시 5분 전 라디오 1에서 당신 곡을 듣게 될 기회도
물거품이 될 것이다.

지금부터 당신이 만나게 될 사람들 하나하나가
자기 일로 백만장자가 될 가능성이 있다. 당신
음반이 성공하면 이들도 얻어가는 게 있을 것이다.
꼭 당신 프로젝트와 직결돼 돈을 만지게 되는 건
아니라 해도 말이다. 그래서 이 세계에는 딱 시키는
만큼만 하는 사람은 없다. 오히려 반대로, 뭐든
귀찮은 줄 모르고 열심히 한다.

엔지니어는 희한한 인종이다. 이들은 모두
자신이 세계 최고의 엔지니어라고 믿거나

된다. 이 과정에서 어떤 부분에 재주나 여유나 생각이 없으면 레퍼런스와 너무
비슷해지기도 한다.

유명하지만 않을 뿐 최고의 엔지니어라고, 또는 최소
제대로 된 장비를 주고 스팅(Sting)[118]이나 피터
가브리엘(Peter Gabriel)[119] 앨범 작업을 시켜주기만
하면 곧 최고가 되리라 믿는다.

그게 장점이 되는 건 이들이 자기 믿음을
증명하려고 최선을 다할 때다. 단점이 되는 경우는,
스팅이 엔지니어들의 염원이자 궁극인 바로 그런
사운드를 음반에서 구사한 이래 UK 1위 히트곡을
내지 못하게 됐다는 사실이다. 위대한 재즈 뮤지션의
역량이야 어찌 됐든 간에 영국에서 싱글을 사는
대중이 원하는 그 무엇은 그의 성숙한 후기 어느
작품보다도 1980년대 초 폴리스(Police)[120]의

118. 젊어서 록을 듣다가 나이가 들면서 점점 재즈와 클래식으로 넘어간다는
클리셰를 따르는 음악 팬들에게 좋은 가이드가 돼준 아티스트. 재즈와 월드
뮤직에 깊은 관심을 가져 팝의 경계를 허물어나갔고, 섬세하고도 완벽한
스튜디오 작업으로도 널리 알려졌다. 정확히 무슨 이유인지는 알기 어렵지만,
사운드 엔지니어들은 퓨전 재즈 음반에 대단한 애착을 보이는 경우가 많은데,
그 목록에 스팅도 여러 장을 올리고 있다.

119. 제너시스의 보컬리스트. 탈퇴 후 솔로 아티스트로 활동하며 특유의 심오한
음악 세계를 펼쳐 나갔다. 세계적 자선 행사에도 꾸준한 관심을 보일뿐더러
정치적 발언도 적극적으로 하는 아티스트로 알려졌다. 경계 없는 영감과 소통을
테마로 한 대규모 음악 예술 페스티벌인 「WOMAD(World Of Music, Arts
and Dance)」를 개최하기도 했다.

120. 스팅이 '거장 스팅님'으로 변신하기 전까지 몸담던 뉴웨이브 밴드. 가장
큰 히트곡이 「당신의 모든 숨결(Every Breath You Take)」이라서 그렇지 사실
폴리스도 이미 레게를 비롯한 이국적 취향의 묘하고 심오한 곡을 꽤나 지녀서

음반에 훨씬 많이 담겨 있다.

밥 클리어마운틴(Bob Clearmountain)[121]이 엔지니어링하거나 지미 잼(Jimmy Jam)과 테리 루이스(Terry Lewis)[122]가 프로듀싱한 최신 앨범과 경쟁할 만한 음반은 닷새 안에 뚝딱 만들어지지 않는다. 엔지니어가 당신과 파장도 맞고, 당신이 이 일에 진정성 있다는 게 보이면 그는 당신과 함께해줄 것이다.

후일 돌아보면 싹수가 보였다고 해도 과언은 아니다. 어쨌든 당대인들은 스팅의 변신에 상당한 충격을 받았다.

121. 미국의 사운드 엔지니어이자 프로듀서. 롤링 스톤스, 브루스 스프링스틴(Bruce Springsteen), 데이비드 보위 등의 콘솔을 잡았다. 이 책이 출간된 이후 작업으로는 본 조비(Bon Jovi), 토리 에이모스(Tori Amos), 루퍼스 웨인라이트(Rufus Wainwright), 데미 로바토(Demi Lovato) 등이 있다. LA에 있는 그의 스튜디오는 최상급 장비들과 함께 편의 시설로 수영장까지 갖췄으니 참고할 것.

122. 시대를 규정한 R&B와 댄스 팝의 거성. 출간 당시까지 최고의 업적으로는 재닛 잭슨(Janet Jackson)의 『컨트롤(Control)』과 뉴 에디션(New Edition)의 『하트 브레이크(Heart Break)』 앨범을 꼽을 수 있겠다. 이후에도 재닛 잭슨의 꾸준한 음악적 파트너인 동시에 보이즈 투 멘(Boyz II Men), 매리 J 블라이즈(Mary J Blige), TLC, 어셔(Usher), 머라이어 캐리(Mariah Carey) 등과 작업했다. 사정이 그렇다 보니 영미권 '본토 음악'에 대한 동경이 강한 극동 아시아에서는 곤히 자던 갓난 아기도 벌떡 일어나는 이름이 됐는데, 일본에서 우타다 히카루(宇多田ヒカル)가 제이팝(J-Pop)에 본격적인 미국식 R&B를 도입할 때도 이들의 곡이 한몫했다. 아이유의 일본 발매곡에도 참여한 바 있다. 이외에도 2019년에는 「원 케이(One K) 글로벌 캠페인」의 테마곡인 「코리안 드림(Korean Dream)」을 작곡해 아주 한국적인 방식으로 한국과 인연을 맺었다.

스튜디오 엔지니어의 세계에서는 자신이 참여한 음반이 불티나게 팔리면 로열티, 즉 수익금의 일정 퍼센티지를 받아 슈퍼스타가 될 수 있다. 굉장한 부자가 될 수 있는 것이다. 이 사람들의 좋은 점 한 가지는 이들이 대놓고 거만하게 구는 일은 정말 거의 없다는 점이다. 그러려 해도 좀처럼 되지 않는다. 몇 년 동안 고객들에게 끝없이 차를 끓여 바치면서 생긴 기질 때문이다. 또한 성공한 엔지니어는 거만하게 굴 필요가 없다는 점을 잘 안다. 작업에서 발휘하는 실력이 모든 걸 말해주기 때문이다. 이와 대조적으로, 성공한 아티스트는 자신의 허풍이 들통나 사기꾼으로 비칠까 봐 지속적인 편집증에 시달리게 마련이다. 아티스트의 거만은 그런 걸 숨기기 위한 가면이다. 그는 대중도 어느 정도의 거만함을 기대하리라 생각하고 싶어 한다. 문제는 모질이들이 꼭 그런다는 점이다.

프로그래머도 큰 성공을 거둘 수 있다. 히트곡 작업에 한두 번 관여하고 나면 몸값을 상당히 높게 부를 수 있다. 그가 쏟아부은 창의력이 세션비를 한참 웃돌면 노래의 판권을 일부 나눠 받을 수도 있을 것이다. 이들은 코드 변화나 추가적인 코드 진행을 제안하는 묘한 재주가 있어서 법적으로 판권의 합당한 분배율을 높이곤 한다.

이참에 우리가 사용하는 스튜디오와 함께 일하는 엔지니어, 프로그래머에 관해 소개해보련다.

스튜디오명은 '빌리지(The Village)'[123]로, 대거넘(Dagenham)의 공업 부지 한쪽 인쇄소와 목공소 사이에 끼어 있다. 대거넘에 관해 우리가 무슨 말을 하든 주민들에게 민폐가 될 것이다. 아무튼 인근에 우리를 유혹할 거리라고는 요만큼도 없어서 열심히 작업만 하게 되는 곳이다. 대거넘은 이상하게 깎은 머리에 자꾸 브리지를 넣어대며 떨이나 피우는 솔 보이(soul boy)[124]를 많이도 길러냈다. 나이 든 남자들이 끊임없이 농담을 하고, 중고차 시세에 관해 토론해야만 속이 풀리는 곳이다.

우리의 엔지니어 이언 리처드슨(Ian Richardson)[125]은 아마 천재인 것 같다. 아마 무척

123. 2019년 현재도 건재하니 원한다면 당신도 이용할 수 있다.
124. 말 그대로 솔 음악을 좋아하는 팬을 가리키는 말이다. 1960년대 후반 잉글랜드 중부에서는 모드족(Mods) 사이에 빠른 템포의 솔이 크게 유행했고, 교외 지역에서 며칠씩 밤새가며 파티를 즐기곤 했다. 시간이 흘러 이들보다 좀 더 펑키(funky)한 솔을 즐기던 부류가 등장했고, 이들이 '솔 보이'로 불렸다. 피트 통(Pete Tong)을 비롯한 많은 DJ와 방송인이 솔 보이 출신으로 거론된다.
125. 뒤에서 차차 소개되지만 KLF의 음악 여정에 결정적인 역할을 한 인물. 이후 샴푸(Shampoo), 지저스 존스(Jesus Jones), 그리고 갑작스러울지 모르겠지만 앨리스 쿠퍼(Alice Cooper), 스티브 바이(Steve Vai) 등의 작업에도 참여했다.

재미있는 사람이다. 약간 도발만 해도 바지를
내려버린다. 머리에 금색 브리지를 넣고, 엉뚱한 쪽
귀를 뚫었다. 여성과 말 한마디 섞으려 하면 적어도
청혼하는 단계까지 가버린다. 채식주의자에다가
공격적인 금연주의자다. 중고 재규어를 몰고, 크레이
형제(Kray Twins)[126]에 관한 책을 끼고 늘 다시
읽곤 한다. 루베츠(Rubettes)의 드러머이기도 하다.

　　우리의 프로그래머 닉 콜러(Nick Coler)[127]는
천재다. 그가 피아노로 칠 수 없는 곡은 없다.
그가 왼손으로 베이스 음을 뭉뚱그려 더듬거릴
때면 콧등에 흐르는 땀과 함께 장관이 펼쳐진다.
성당 소년 합창단 시절의 유머 감각을 유지하며
손뜨개질한 점퍼를 몇 벌이나 자랑스럽게 갖췄다. 늘
새로운 헤어스타일을 실험한다. 중고 아우디를 몰고,
루베츠의 키보디스트다.

---

126. 1950~60년대 런던 이스트 엔드(East End) 어둠의 세계를 지배한
쌍둥이 형제. 갱단을 조직해 여러 곳의 나이트클럽을 경영하며 무장 강도나
폭행, 방화를 공공연하게 저질렀고, 그러면서도 유명인이나 정치인 들과
태연하게 어울리는 모습을 노출하곤 했다. 런던 역사상 최악의 폭력배로
불린다. 2015년 톰 하디(Tom Hardy)와 태런 에저튼(Taron Egerton) 주연의
영화 「레전드(Legend)」가 이들을 주인공으로 다루고 있으니 참고할 것.
127. 이 책에 소개된 이후 콜러는 셰어(Cher), 샴푸, 세인트 에티엔(Saint
Etienne), 펫 숍 보이스(Pet Shop Boys), 카일리 미노그, 걸스 얼라우드(Girls
Aloud) 등의 작업에 함께했고, TV 애니메이션 「토털리 스파이스!(Totally
Spies!)」에 작곡가로 참여하기도 했다.

이들이 없었더라면 우리는 아무것도 할 수
없었을 거라는 게 이들의 생각이다. 우리 생각은,
이들이 없었더라면 우리는 '대거넘 A13 국도'나
'24시간 농담 콘서트'라는 고통을 겪지 않았을 거고,
우리의 커리어도 그렇게 급격히 나락으로 떨어지지
않았을 것이다.

스튜디오 사장인 토니 앳킨스(Tony Atkins)는
좋은 사람이다. 나이는 마흔과 쉰 사이 어딘가에
있다고 하는데, 몸은 우리 중 누구보다 좋다.
'스펙트럼(Spectrum)'이라는 밴드에서 1960년대에
중박을 친 적이 있고, 유로 디스코(Euro Disco)
프로듀싱으로 먹고산 적이 있다. 은행 직원과 상담할
거리가 많다. 우리가 돈이 없을 때도 넓은 아량을
보여준다. 중고 재규어를 몰고, 루베츠의 모든
멤버를 안다. 빌리지의 다른 단골손님으로는 크리스
바버(Chris Barber)[128]와 프레디 스타(Freddie
Starr)[129]가 있다.

128. 1950년대에 커리어를 시작한 영국의 재즈 뮤지션. 수많은 히트곡을
내기도 했지만 책의 앞부분에 등장한 스키플 밴드나 머시 비트(Mersey
Beat)의 유행에도 크게 기여한 인물로 평가된다.
129. 영국의 유명 코미디언자 방송인. 사실 커리어의 시작은 머시 비트
뮤지션이었는데 이때 매니저는 훗날 비틀스의 매니저로 명성을 떨친 브라이언
앱스타인(Brian Epstein), 프로듀서는 스튜디오 장비를 악기처럼 사용하며
전설이 된 엔지니어 조 믹(Joe Meek)이었다.

여기서 정색하고 말하면, 만일 당신이 동부 춘구석에 살면서 대박을 노린다면, 빌리지로 가라. 이렇게까지 말하는데, 빌리지에서 우리에게 무료로 스튜디오를 사용하게 해주지 않는다면 더 할 말이 있다.

엔지니어와 프로그래머가 '열일'하는 동안(그러는지 쭉 확인할 것) 당신은 이제 일주일 동안 사무실이 생겼다는 사실에 적응해야 한다. 전화기를 쓸 수 있고, 어쩌면 팩스나 텔렉스, 복사기도 있을지 모른다. 이왕이면 당구대도 있어서 큐 연습을 하며 스튜디오 스트레스를 풀 수도 있을 것이다. 혹시 게임당 당구대 사용료를 받는다면, 신문지로 홀을 전부 막아버리는 걸 잊지 마라. 주문한 『뮤직 위크』 디렉토리 북이 아직 도착 전이라면 스튜디오 비치용을 사용해도 된다. 월요일부터 금요일까지 당신 음반을 녹음하는 동안 다음 주 런던 미팅 준비도 해둬야 한다.

당신 음반을 위한 PR, 회계사, 사무 변호사,[130] 제조사와 배급사를 찾아야 한다. 사무 변호사가 우선이다. 스튜디오 사장이나 실장과 먼저 이야기하자. 상황을 알리고 조언을 구해라. 적당한

---

130. 영국의 법률 체계에서 사무 변호사(solicitor)는 보통 법정에 서지 않고 민사를 주로 담당하는 변호사를 의미한다. 한국의 법무사와 비슷한 역할이다.

변호사와 회계사를 추천해줄 것이다. 단, 음악
산업에 전문인 사람들이어야 한다. 아무리 생긴
게 멀쩡해도 뭣 모르는 동네 놈들은 아무짝에도
소용없다. 스튜디오 사장이나 실장에게 인디 PR이나
퍼블리시스트(publicist)에 관해서도 물어봐라.
쥐꼬리만큼도 모를 수 있지만, 어마어마하게 잘 알
수도 있다. 지상에 존재하는 레코딩 스튜디오라면
다들 독자적인 레이블을 만들어서 음반을 내려고
해본 적이 있다. 하지만 대부분 쫄딱 망한다. 우리가
어떻게 해도 완전히는 이해할 수 없는 이상한
사실이 하나 있다. 로컬 스튜디오야말로 지역의
젊고 싱싱한 인재들을 접하기에 최적의 조건이라서
이들이 첫 「필 세션(Peel Sessions)」[131] 녹음을
하기 전에 미리 법적 계약의 거미줄로 묶어버릴 수
있는데도, 왠지는 모르겠으나 늘 기회를 놓치고야
만다는 것이다. 아마도 다행일 것이다. 전국 수백
명의 스튜디오 사장들은 밤마다 이불을 걷어차고
있다. 혹시나 사과 한 입이라도 먹여줄까 싶어 아무

---

131. BBC 라디오의 인기 음악 방송. 아티스트가 출연해 곡을 연주하는
방송으로 EBS의 「스페이스 공감」 정도를 떠올리면 되겠다. 저명한 아티스트도
출연하지만 참신한 신인을 소개하는 창구가 됐고, 특히 1980~90년대
얼터너티브 록 무브먼트에 크게 기여했다. 대체로 스튜디오에서 라이브 연주를
하고 하루 만에 믹스해 내보내는 형식이라 데모를 듣는 듯한 생동감으로
유명했다.

계약에나 서명하려는 귀 얇은 미래의 슈퍼스타들을
어쩌다 보니 놓쳐버렸고, 그들은 명예와 부, 그리고
체납세의 길로 홀홀 나아갔기 때문이다. 어쨌든 그건
당신이 고민할 일은 아니다.

당신이 고민할 일은 (당신이 이미 런던 근처에
살지 않는다면) 현재 런던에 살면서 당신을 며칠
재워줄 수 있는 친구나 친척을 찾는 것이다.
변호사와 회계사에게 전화해 약속을 잡아라. 그리고
당신 상황을 이야기해라. 쩌는 트랙이 있는데, 돈은
없고 대리인이 필요하다고.

음악 산업 변호사나 회계사 사이에는 경쟁이
무척 치열하다. 그들은 당신 말을 들으려 하고,
또 당신에게 조언을 주고 싶어 한다. 물론 무료는
아니지만 일이 잘 진행되고, 돈이 들어오기 시작할
때면 자신들도 돈을 받는다는 사실을 이해하고 있다.
자기 사무소에 연간 수십만 파운드의 소득을 올려줄
미래의 '슈퍼 갑'을 놓치고 싶어 하지 않는다. 잘
알려진 사실이지만 떠오르는 슈퍼스타에게는 콩 한
쪽을 벌기 전부터 대리인이 필요한 법이다.

제조와 배급. 이 두 가지가 없다면 당신은
(완성된 '제품'으로서) 음반을 만들 수 없고
전국의 음반 가게에 납품할 수도 없다. 남동부
지역에는 몇 곳의 독립 레코드 제조사가 있다.

이들을 직접 찾아가면 선금을 요구할 텐데, 당신은
그들이 일해주기 전에는 돈이 들어올 구석이
없다. 푸대접은 덤이다. 제조사는 수백 곳의 소형,
일회성 레이블, 시큰둥한 여자친구를 감동시키려
500장을 찍는 로컬 밴드들, 또는 합창단이나
브라스 밴드의 소량 음반을 찍으려는 학교 등을
상대한다. 제조사 입장에서는 당신도 이들과 다를
바 없다.[132] 제조사들이 눈이라도 깜짝하는 건
메이저 음반사뿐인데, 이들은 자사 프레스 공장의
생산량에 부하가 심해 외주를 줘야 할 때만 독립
제조사를 찾는다. 또는 규모가 커진 인디 레이블도
안정적인 업무를 제공하게 된다. 그럴 때도 제조사
측은 레이블을 속이며 점차 일을 그르친 뒤 책임을
떠넘긴다. 이런 일이 일어나는 건 제조업계가
최악의 인간들만 와서 일하도록 끌어들이기 때문이
아니라 수요를 만족할 만한 프레스 공장이 충분하지
않아서다. 터무니없고 놀랍지만, 어떤 재력가가
개인적으로 해결할 수도 있는 일이다. 잉글랜드 북부
어딘가에 프레스 공장 하나만 들어서면 해결된다. 이
지경까지 오게 된 건 WEA[133]가 1980년대 초반에

---

132. 한국의 CD 제조업체들은 대체로 친절하고 가격도 저렴하다. 요즘 세상에
CD를 찍겠다는 사람은 어느 업체에서든 환영받는다.
133. 1972년 워너(Warner), 일렉트라(Elektra), 애틀랜틱(Atlantic)이 합병해

경기가 침체할 때 유럽 전체의 업무를 중앙화하는
과정에서 영국의 프레스 공장을 닫아버렸기
때문이다. 폴리그램(Polygram) 그룹[134] 계열사들도
같은 행보를 밟았다. 이제 양쪽 그룹의 계열사들은
남은 독립 제조사들에 자신들의 일 상당 부분을
외주로 주고 있다.[135]

당신이 찾아야 할 건 제조까지 잘 처리해줄
배급사다. 이 책을 쓰는 시점에 영국의 3대 독립
배급사는 피나클(Pinnacle), 스파르탄(Spartan),
카르텔(Cartel)이다. 피나클과 스파르탄은 남동부에
있고, 과거 히트곡들의 건강한 포트폴리오를 지니고
있다. 카르텔은 이름에서 엿보이듯 전국 다수의 독립
배급사들의 연합체로, 탄탄한 배급망을 통해 서로
방해가 되지 않는 선에서 협업하고 있다. 우리는
카르텔을 선택했다.

카르텔의 특징 중 당신에게 이득이 될 만한

설립된 음악 배급 유통 기업. 일련의 복잡한 과정을 거쳤지만, 2019년 현재도
워너 뮤직 그룹(Warner Music Group)의 일부로 배급과 유통을 담당한다.
134. 네덜란드에서 출발한 대형 음반 기업. 1970년대에는 「토요일 밤의
열기(Saturday Night Fever)」, 「그리스(Grease)」, 비지스(Bee Gees), 도나
서머(Donna Summer) 등 디스코로 뜨거운 나날을 보냈고, CD 포맷을 개발한
필립스(Philips)가 모기업인 관계로 CD 시대에도 대단한 호황을 누렸다.
1998년 유니버설 뮤직 그룹(Universal Music Group)으로 합병됐다.
135. 바이닐 공장의 경우 한국에서는 2000년대 들어 아슬아슬해진 명맥이
2014년에 기어이 끊겼으나, 2017년에 한 곳이 새로 문을 열었다.

게 있다. 카르텔에 참여하는 여러 배급사 각자가
음반이나 레이블을 담당해 제조와 배급을 진행할
수 있고, 그럴 때 카르텔 전체가 이를 의무적으로
배급하게 된다는 점이다. 주위에 카르텔 소속
배급사가 있다면 일단 이들과 약속을 잡아 만나보는
게 좋다. 이들이 당신 음반의 제조와 배급을 맡으면,
일이 돌아가는 상황을 직접 지켜볼 수 있다는 점이
좋다. 또한 남동부에 위치한 러프 트레이드는 카르텔
참여 업체[136]면서 한창 잘나가고 있다. 1988년의
첫 7개월 동안 이들은 네 곡의 1위 히트곡을 냈다.
카르텔 소속 모든 배급사가 이들 같은 성과를 내려고
혈안이 돼 있다. 아래의 업체들이 모두 카르텔에
참여하고 있다.

☆ 에든버러의 패스트 포워드(Fast Forward)
☆ 요크의 레드 라이노(Red Rhino)
☆ 노위치의 백스(Backs)
☆ 브리스틀의 리볼버(Revolver)
☆ 워위크의 나인 마일(Nine Mile)
☆ 런던의 러프 트레이드

---

136. 사실 카르텔은 러프 트레이드를 주축으로 설립된 네트워크다.

언제나처럼 이들의 전화번호도 『뮤직 위크』 디렉토리 북에 있다.

스튜디오에서 사람들과 이 주제로 이야기를 나누면서 혹시 아무라도 소개해줄 수 있는 사람이 있는지 물어봐라. 나가서 주전자에 물을 올리고 차를 끓이면서 사람들이 컨트롤 룸에서 어떻게 하는지 지켜봐라. 컨트롤 룸에서 너무 긴 시간을 보내려 하지 마라. 나와 있다가 이따금 들어가야 매번 새롭게 뭔가가 들릴 것이다.[137] 실제 사운드 메이킹 과정에 너무 깊이 빠져들면 진행 상황에 대한 객관적인 비전을 잃기에 십상이다.

한 주 내내, 마리화나는 피우지 말고 맥주는 하루에 1리터 이상 마시지 마라. 엔지니어나 프로그래머가 마리화나를 피우거나 술을 마시기 시작하면 심각한 문제다. 당장 그만두게 해라. 엔지니어 대다수는 매우 프로페셔널하고 이런 문제에 의식이 있으며 업무 중에 절제력을 발휘하겠지만. 이건 마리화나뿐 아니라 커피보다

---

137. 농담처럼 들릴 수도 있겠지만, 실제로 현장의 프로듀서나 엔지니어 들은 자주 귀를 쉬게 해야 한다는 조언을 빠짐 없이 한다. 음악을 만들고 손질하는 과정은 같은 소리를 수없이 반복해서 듣는 일을 수반하는데, 이때 소리에 너무 익숙해진 나머지 객관성을 잃고 헤매기 쉽기 때문이다. 물론 현장의 프로듀서나 엔지니어 들이 프로그래머와 엔지니어에게 떠넘기라는 조언까지 해주는 건 아니다.

강한 모든 향정신성 물질에 해당하는 말이다.

화요일에는 광활한 절망에 휩싸일 준비를
해라. 먹구름이 몰려온다. 당신은 어쩔 도리가
없다. 월요일의 시작은 순조롭게 느껴졌을
것이다. 처음에는 잔뜩 긴장했겠지만, 곧 이 일이
가능하다는 사실을 깨닫고, 다들 당신을 진지하게
받아들이고 요구 사항도 따랐을 것이다. 화요일은
의심암귀(疑心暗鬼)의 소굴이며 무엇도 이를 바꿀
수 없다. 지금까지 진척된 당신 작업이 쓰레기처럼
들리기 시작한다. 당신의 편집증 때문이 아니다.
진짜 쓰레기다.

출구는 없다. 쟁기질을 해야 할 시간이다.

당신 안의 냉소적인 자아가 지금쯤이면
이렇게 말할 것이다. "이 머저리들이 대체 뭐라는
거야? 스튜디오에 들어온 뒤로 '엔지니어와
프로그래머에게 맡겨라!' 말고 구체적인 이야기는
하나도 안 했잖아! 그렇게 쉬웠으면 다들 히트곡을
토해냈겠지! 이 책은 사기야!『쉽게 부자 되는
법』이니『언제나 젊게 아름답게』따위의 책이랑
똑같지! 흔한 1980년대 말 야바위라고! 대처리즘
끝물의 허접쓰레기! 저 잘난 맛에 싸구려 비유나
늘어놓고! 타임로드부터 그래! 우연히 얻어걸린
히트곡 하나밖에 없는 주제에! 늙다리 사기꾼들이

거적때기 책이나 쓰면서 장난질 치는 거지!"

만일 그렇다면 우리도 어쩔 도리가 없다. 화요일 저녁에서 수요일 오후 사이에 뭔가 일어나 모든 게 다시 궤도에 오를 거라고 말해주는 수밖에. 이제 앞뒤가 맞아들어가기 시작하고, 수요일 저녁이면 승전의 고지가 보일 것이다. 우리가 당신과 함께 스튜디오에 있더라도 해줄 말은 이게 전부다. 그저 환상을 놓치지 마라. 필요하다면 바닥을 구르고 소리라도 질러라. 어차피 이제 너무 늦었다. 당신 안에 있는 줄도 몰랐던 아이디어가 나올 테니 그냥 흘러나오게 둬라. 너무 서두르지 마라. 당신 음반이 팝 음악의 역사를 바꿀 거라는 망상에 너무 깊이 빠져들지만 마라.

절망이 열매 맺는 모습을 지켜보며 팀을 위해 계속 차를 끓여라. 트랙의 모든 순간이 듣는 이를 사로잡고 놔주지 말아야 한다. 가장 짜릿한 후크(hook),[138] 가장 낮은 공통분모, 사용하리라고는

---

[138] 같은 구절이나 단어를 반복하는 일로 흔히 알려져있는데, 엄밀히 말하면 아니다. 어떤 노래에서 인상적으로 귀를 잡아채 듣자마자 기억에 각인되는 어떤 요소라면 뭐든 '후크'라고 부른다. 멜로디일 수도, 가사일 수도 있다. 도입부에 나올 수도, 코러스에 나올 수도 있으며, 반복될 수도, 단 한 번 등장할 수도 있다. 21세기에는 코러스가 끝나고 나서 새로운 테마를 한 섹션 더 붙이는 경향이 번졌는데, 이 부분을 '후크'라고 부르기도 한다. '후크 송'이란 엉성한 용어가 등장해 특정한 양식이나 비법인양 알려진 배경이기도 하다.

상상도 못 한 그런 걸 찾아가라. 받아들이고,
뒤흔들고, 들을 때마다 비명을 질러라.

　"이건 괴물이 될 거야!" 누군가 말할 것이다.
그게 당신일 수도 있지만, 누구든 그게 진실이란 건
당신이 잘 알 것이다. 일주일 전만 해도 아무것도
없었다. 당신과 실업급여, 밀린 월세뿐이었다. 이젠
이게 있다.

　아무리 트랙이 잘 나오는 상황이어도 자정을
넘기면 작업을 중단한다. 기분은 그렇지 않을지라도
다들 뇌가 성능을 절반밖에 못 내기 때문이다.
이대로면 쓸데없이 스튜디오 사용료만 나간다.
귀가할 때 대중교통을 이용해야 한다면 이런 유혹을
견디는 데 도움이 된다.

목요일 아침

스튜디오의 모든 사람이 이 곡의 잠재력을 깨닫기
시작할 것이다. 사람들 모두를 붙잡고 SSL 콘솔로
믹싱하는 게 어떨지 이야기해봐라. 당신이 이용하는
스튜디오에 SSL 설비가 없다면 별로 필요 없다고
생각해서일 수 있다. 필요하다. 있다면 다행이다.
거기서 믹싱하자고 해라. 안 된다면 SSL이 있는
다른 스튜디오를 추천받고, 예약까지 해줄 수 있는지
물어라. 예약도 당신보다는 그들이 더 싸게 잡아줄
것이다. 이틀이면 된다. 7인치 버전에 하루, 12인치
버전에 하루. 남들이 보기에는 하등 쓸데없는 곳에
쏟아붓는 금액치고는 허리가 휠 액수처럼 느껴질
것이다. 녹음을 마칠 때부터 믹싱을 시작할 때까지
최소 일주일은 여유를 둬라. 그사이에 처리해야
할 일이 많다. 최종 믹싱에 들어가기 전에 마음을
가볍게 해둬야 한다.

　　지긋지긋한 돈 문제(또는 돈이 부족한 문제)는
이쯤에서 정리됐을 것이다. 스튜디오 예약 대목에서
이야기했듯 스튜디오에서는 테이프를 빼기 전에
당신이 돈을 내기를 원할 것이다. 스튜디오 사장과
직접 이야기할 수 있는지 물어봐라. 되도록 단둘이.
당신이 아주 제한된 예산으로 작업하고 있고, 모두

이건 엄청난 히트가 될 거라고 하며, 그런데 응당
믹스를 제대로 하지 않으면 한심한 일이라고 말해라.
거기선 사장도 동의할 수밖에 없다. 그럼 사용료를
이번 주에 전부 지불하면 이 프로젝트를 밀고 나갈
돈이 모자란다고 하고, 대신 28일 뒤에 지급되는
어음을 쓰겠다고 해라. 이걸 받아들이지 않는다면
그는 뇌에 스펀지처럼 구멍이 뚫린 인간이 분명하다.
필요하다면, 메이저 음반사들은 정산하는 데 최소
3개월이 걸린다는 말도 해줘라. 그도 당신만큼이나
이 음반의 성공을 고대하기 때문에 당신 요구를
받아들이는 게 맞다고 느낄 게 분명하다. 이때쯤 또
다른 문제가 생길 것이다. 당신이 사지 멀쩡하게
스튜디오 밖으로 나가려면 여기서 최대한 눈치껏
요령껏 난관을 헤치고 나가야 한다. 스튜디오 사장이
당신에게 제안하고 싶은 아이디어가 있을 것이다.
당연히 그도 사업가로서 당신 음반에 숟가락을 얹어
장차 이득을 볼 방법을 궁리했을 것이다. 당신이
이미 흐름을 타고 있음을 그도 본능적으로 느낄 테니
말이다. 어떤 식이 좋을지는 구체적으로 모르더라도
그 또한 콩고물을 받아먹고 싶을 것이다.

　　그는 당신에게 세 가지를 제안할 수 있다. 첫째,

자신의 퍼블리싱 회사**139**에 저작권을 맡겨라. 둘째, 이 곡을 자기 인디 레이블에서 내라. 셋째, 당신 대신 자신이 트랙을 가지고 메이저 음반사들을 찾아가보겠다. 인맥이 좀 있다는 티를 내면서, 이런저런 회사의 **A&R(Artist & Repertoire)140** 이름을 늘어놓으며 연락처까지 있다고 할 것이다. 또는 이 세 가지를 적당히 섞은 제안일 수도 있다.

첫 번째 옵션인 퍼블리싱은 모든 작업에서 당신이 제대로 된 돈을 만질 수 있는 영역이다. 가진 게 가장 없는 지금, 푼돈에 권리를 내주는 건 최소한 수치스러운 일이다.

음반을 스튜디오 사장의 레이블에서 내는 건 자신에게 영원한 촌뜨기 딱지를 붙이는 일이다.

139. 보통 '퍼블리셔'로 부른다. 음악의 저작권에 관련한 업무를 담당하는 업체를 가리킨다. 한국의 경우 저작권 협회가 저작권 업무를 독점적으로 신탁하는 형태라 음반이 발매된 뒤에는 퍼블리셔의 중요성이 낮은 편이다. 대신 케이팝 산업의 승승장구와 함께 작곡가들이 아직 발매되지 않은 곡을 기획사에 보낼 때 큰 역할을 담당한다.

140. 케이팝의 세계에서는 다양한 작곡가의 작품을 수집해 적합한 곡을 아티스트와 매칭하는 직종으로 알려져 있기도 하다. 원래 A&R은 아티스트를 찾는 업무까지 포함하는 직업이다. 케이팝 기획사의 경우 이 부분이 신인 개발 부서나 사장의 영역이기 때문에 부각되지 않을 뿐. 미술관의 큐레이터처럼 레이블이 대중에게 선보일 콘텐츠를 직접 선별하고 연결하며 기획하는 핵심적인 자리다. 큐레이터와 마찬가지로 회사에 따라 급하거나 일손이 부족하다는 이유로 온갖 잡무를 떠맡는 A&R도 있지만 너무 슬픈 이야기는 여기까지만 하기로 한다.

요즘 세상에는 촌스러움과 차트 성적이 별 상관이
없다지만, 당신 음반이 나온 뒤 온갖 지원군이
필요할 시점에 그 레이블의 진부한 그래픽 디자인과
과거 발매작 카탈로그가 당신 발목을 잡을 것이다.

사장이 곡을 대신 팔아주겠다는 게 세 번째
옵션이다. 이 선택지는 절대 안 된다. 분명 그는
자기가 읊어댄 A&R들을 알고는 있겠지만 곡이 팔릴
리는 없기 때문이다. 성공한 A&R의 삶에는 수 없는
전화 통화와 점심 식사, 미팅, 공연, 회계 틈새로
수천 개의 잃어버린 카세트테이프가 있다. 당신 곡도
그중 하나가 될 뿐이다. 어쩌다 2,000파운드 정도 선
계약금을 얻어온대도 그 정도 돈은 레코딩 비용으로
빠져나간다. 세계적인 스타들을 키우고 유지하는 게
주 업무인 메이저 음반사에서 당신 곡은 우선순위도
매우 낮을 것이다. 당신 음반은 싸게 건진 물건이다.
잘 돼봐야 남 주기 아까운 정도는 되지만, 먹기는
싫은 계륵 취급이 고작이다.

문제는 당신에게 이런 제안이 그토록 바라온
응답처럼 들린다는 것이다. 세 가지 제안 중 하나를
받아들임으로써 그간 눈앞이 캄캄했던 부담도
떠넘기고, 스튜디오 사용료나 최소한 그 일부라도
덜어내 언젠가 예고도 없이 들이닥칠 위기에 한 줄기
보탬이 될 테니까. '권위 있는' 사람이 당신 작업을

진지하게 받아들여주니 자아도 우쭐해질 것이다.
하지만 부디, 간청하건대, 이 세 가지 제안을 모두
거절해라. 두 번째나 세 번째 옵션을 받아들였다간
영원히 히트곡을 낼 수 없는 게 자명하다. 첫 번째도
가능성을 확실히 낮추기도 하지만, 앞에서 말한
것처럼 재정적으로 난센스다. 반드시 기억해라.
스튜디오 사장은 당신 음반에 숟가락을 직접 얹지
않더라도 스튜디오의 평판을 위해 당신 음반이
성공하기를 바랄 것이다.

　　1980년대 후반, 이 모든 것의 예외가
셰필드(Sheffield)에 있는 폰 스튜디오(Fon
Studio)[141]다. 이 책을 쓰는 지난 12개월 동안
이 스튜디오에서 엄청난 히트곡 두 곡이 나왔다.
「하우스 어레스트(House Arrest)」[142]와 펑키

---

141. 셰필드(Sheffield)의 전설적인 레코드 숍 겸 레이블 겸 스튜디오. 흔히
'폰'으로 불린다. 데이비드 보위도 이곳에서 녹음한 적이 있지만, 무엇보다 지역
음악 신에 큰 영향을 미쳤다. 단적인 예로 워프 레코드(Warp Records)의
창업자들도 여기서 꿈을 키웠고, 이들이 첫 사업체를 차린 것도 폰의 레코드
숍을 넘겨받으면서였다.
142. 「하우스 어레스트」는 크러시(Krush)의 곡이다. 크러시의 멤버 마크
브라이든(Mark Brydon)은 폰의 중심 인물 중 하나기도 했다. 그가 소속된
다른 밴드 차크(Chakk)가 메이저 음반사와 계약하고 받은 계약금으로
폰을 살려냈다는 이야기도 있다. 그의 이름은 후일 히트곡 「싱 잇 백(Sing It
Back)」을 발표하는 듀오 몰로코(Moloko)에서도 찾아볼 수 있다.

웜(Funky Worm)[143]인데, 발매된 그달의 힙에 딱
들어맞도록 근사한 그래픽과 사운드를 선보였다.
두 곡 모두 폰 스튜디오의 수장인 암릭 레이(Amrik
Rai)[144]가 메이저 음반사와의 계약을 따냈다.

스튜디오 사장에게는 결정을 내리기 전에 일단
작업을 마치고 싶다고 해라. 그리고 변호사의 조언
없이는 어떤 것도 하지 않겠다고 해라. 원하는
대답은 아닐 테지만, 사장은 당신 뜻을 존중할
수밖에 없다. 이제 정리가 됐으면 스튜디오로
돌아간다. 백업 보컬, 정신 나간 샘플, 계획에 없던
사태, 전면적인 방향 선회, 뭐 이런 일이 이제부터
일어나게 될 것이다.

금요일. 낮. 런던에서 보낼 일주일을 위한
준비를 할 마지막 기회다. 저녁. 완성된 트랙의 7인치
러프 믹스(rough mix)[145]를 받아와라. 곡이 담긴

---

143. 마크 브라이든을 중축으로 결성된 하우스 프로젝트 그룹. 여기서
거론되는 펑키 웜의 히트곡은 1988년 UK 싱글 차트 13위까지 오른 「허슬! (투
더 뮤직…) (Hustle! [To The Music…])」으로 보인다.
144. 체크 무늬 정장에 터번을 두르고 다녔다고 한다. 앞에서 언급된 폰
스튜디오의 레코드 숍 역시 레이가 운영했다. 유명 음악 잡지 『NME』의 기자로
새로운 음악에 대한 비상한 감각을 보였으며 폰 스튜디오를 설립해 많은
아티스트를 담당했다. 2018년 세상을 떠났다.
145. 믹싱에는 시간이 아주 오래 걸리기도 한다. 사운드를 세부적으로 다
조정하고 최종적으로 컨펌하기 전까지, 곡 전체가 어떻게 생겼는지 들어볼 수
있는 미완성 믹스를 '러프 믹스' 또는 '가(假)믹스'로 부른다.

카세트테이프도 최소 대여섯 개 챙겨서 이날 밤 스튜디오를 나온다.

기분 좋을 것이다.

집에서 주말을 보내며 계속 노래를 들어본다. 자신감으로 넋이 나갈 지경일 것이다.

런던

월요일 아침. 빗물 젖은 히치하이크, 인터시티
열차 할인요금, 역주행 틈새로 아수라장 같은
고속도로... 어떤 방법을 택하든 런던은 큰
도시다. 도로에 둘렀다는 금테는 보이지도 않고,
주정뱅이들은 떼 지어서 신경 줄을 건드리며 당신의
정의감을 부글부글 끓게 한다. 당신은 대체 나라
꼴이 어떻게 돼먹으려는지 고민할 수밖에 없다.
그래도 길 건너편에서 이들을 지나쳐 이탈리안
카페에 들어가서 커피를 마셔라. 혹시 모르니『더
페이스(The Face)』[146]도 한 권 산다.

변호사. 앞에서 살짝 이야기했다. 흔히 말하는
"무슨 일을 하더라도 일단 변호사와 상담부터 하면,
아주 빠르게 변호사가 부자가 될 것이다. 그래도
변호사와 통화하기 전에는 한 블록도 가지 마라."는

---

146. 1980년에 창간한 잡지. 음악을 중심으로 패션과 라이프스타일 등
대중문화 전반을 커버했다.『NME』,『스매시 히츠(Smash Hits)』의 닉
로건(Nick Logan)이 초대 편집장이었으며, 정제된 문장과 세련된 편집
디자인으로 유명했다. 런던에 온 이상 뭔가 조금 더 있어 보이는 잡지를 읽는 게
좋지 않겠는가. 하지만 불행히도 2004년 이후 이 책의 독자는 이 지시를 따를
수 없었다.『더 페이스』가 폐간됐기 때문이다. 그러나 2019년 이후 독자들은
웹진으로 부활한『더 페이스』를 모바일로 읽으면 되니 얼마나 다행인지. 참고가
되기를 바란다.

이야기는 진리다.

이제부터 당신은 갖가지 계약서, 부가 협약, 개정 계약서에 서명하게 될 것이다. 변호사에게 먼저 읽히고 조언을 받아 숙고해보기 전에는 어디에도 서명하지 마라. 문제는 변호사도 중독성이 있다는 것이다. 이 런던에서 당신 편이 돼주고 당신의 시선에서 상황을 봐주는 건 그 한 사람뿐일 것이다. 그와 이야기할 때면 마음이 따뜻하고 편안해질 것이다. 헤로인처럼 말이다. 잊지 마라. 그의 자문은 시간당 최소 50파운드짜리다. 혹시 후불 계약이라 해도 마찬가지다.

변호사를 대할 때 주의할 점이 있다. 사람이 젊을 때는 의욕과 분노가 많게 마련이다. 찌질이였던 학창시절을 지나 이제껏 배운 걸 등에 업고 이제 세상을 향해 자신이 아는 바를 펼쳐 보이려 한다. 엄청난 돈을 벌어다 줄 것처럼 군다. 계약서 초안에서 i자에 점이 안 찍히거나 t자에 가로줄이 빠졌다고 온갖 성화를 부린다. "이거, 계약서를 아무 생각도 없이 썼군요!" 신이 나서 외친다. 이렇게 젊고 의욕 많고 진취적인 부류와는 뭔가 의기투합하기 좋을 것 같아 보일 것이다. 하지만 주의해라. 물귀신처럼 당신을 아수라장으로 끌고 들어가거나 꽤 괜찮은 계약을 걷어차버릴 수도 있다.

우리의 조언은 살짝 나이가 있는 변호사를 찾으라는 것이다. 좀 더 지혜로운 사람으로. 세부 조항이나 당장의 손익뿐 아니라 사람의 마음과 생각이 어떻게 움직이는지 아는 사람 말이다. 당신이 일을 어떻게 처리하고 싶은지 귀 기울여 들어주는 사람이기만 하다면야 당신 곡을 별로 들어보려 하지 않아도 크게 상관없다.

변호사에게 로열티, 분배율, 저작권, 퍼블리싱, 9할 계약, 음악 실연자 협회(Performing Rights Society, PRS), 기술적 저작권 보호 협회(Mechanical Copyright Protection Society, MCPS), 음악 저작권 협회(Phonographic Performance Limited, PPL), 비디오 저작권 협회(Video Performance Limited, VPL), 음반 산업 협회(British Phonographic Industry, BPI), 음악인 조합(Musician's Union, MU),[147] 배급 지역이 무슨 뜻인지 물어봐라. 당신(과 당신 레이블)이 가입해야 하는 기관이나 단체[148]를 정리해달라고 해라.

---

147. 물론 이 모두는 영국에 해당하며 한국에서는 전혀 다른 단체들이 관계된다. 자세한 내용은 역자가 아닌 변호사와 상의할 것.

148. 음반을 내는 데 단체 가입이 왜 필요하냐고 생각할 수도 있다. '난 친목질이나 하려고 음악을 하는 게 아냐!' 하지만 소중한 저작권을 보호받고, 그에 따른 수익까지 보장받으려면 가입해야 하는 곳이 있다. 실물 음반보다 디지털 스트리밍이 중심인 시대에는 더더욱. 국내의 경우 저작권 관리

스튜디오 사장이 추천해준 회계사 이름을 대고 혹시 아는지 물어봐라. 또는 다른 사람을 추천받아라.

다음으로 만날 사람은 회계사다. 변호사에 관한 이야기 대부분이 회계사에게도 해당한다.

그는 부가가치세 신고 대상자 등록[149]을 권할 것이다. 언제나 영수증을 (신문이나 커피 한 잔을 살 때조차도) 챙기라고 할 것이다. 잘 새겨들어라. 황당할 것이다. 그는 숫자가 채워지기를 기다리는 빈칸으로 가득한 너덜너덜한 장부를 보여줄 것이다. 그의 세계에서는 그런 것들이 너무나 중요해 보일 것이다. 하지만 당신에게는 아무 의미도 없고, 당신 음반을 사러 구름떼처럼 몰려들 사람들의 현실과도 동떨어진 것처럼만 느껴질 것이다. 그의 세계가 당신에게도 중요하다는 사실을 인정하지 않는다면, 불과 5개월 뒤에는 히트곡의 찬란한 영광이 맥도날드 포장지와 다이어트 콜라 캔과 함께 하수구에 나뒹구는 꼴을 보며 당신이 한때 본 수십만 파운드의 세계에서 아무것도 남지 않았음에

기관(한국음악저작권협회, 함께하는음악저작인협회, 바른음원협동조합 중 택 1), 한국음악실연자연합회 등이 있다. 물론 이사회 등의 모임까지 나갈 필요는 없다.

149. 영국에 해당하는 이야기니 안심해도 된다. 대신 한국에서는 공인인증서를 설치해야 할 수도 있다.

탄식하게 될 것이다. 변호사든 회계사든 수트 핏이나 사무실 인테리어로 판단하지 말고, 사무실 액자 속 그들의 가족사진에 낯뜨거워하지 말라.

다음으로 넘어가자.

이 주에 할 일이 더 있다. 배급과 제조를 해결해야 한다. 스튜디오에 있는 동안 이미 약속을 잡았을 것이다. 혹시 (카르텔 소속인) 지역 배급사에 가보려 한다면 런던에 오기 전에 찾아가봤어야 한다.

배급사에서 구미가 당긴다면 (당신의 러프 믹스를 들어본 뒤라면 그러지 않기 어려울 것이다.) 최소 1년 동안 당신의 레이블 상품에 대한 독점 배급권 계약에 서명하자고 할 것이다. 또한 그들이 소매상에게 음반을 판매한 대금의 대략 30퍼센트의 커미션을 원할 것이다. 이 수치를 30퍼센트 아래까지 끌어내려보자. 그 이상은 절대 안 된다.

제조까지 배급사에서 맡도록 하려면 좀 더 설득해야 할 테지만, 곡이 히트할 가능성이 조금이라도 있어 보인다면 납득할 것이다. 당신 혼자서 프레싱 공장을 제대로 상대하는 건 불가능하고, 음반이 조금이라도 더 잘 된다면 배급사에도 좋은 일이다. 물론 이들에게는 프레싱 공장과의 신용 거래가 있을 테니 당신이 제조 비용을 조달할 필요도 사라진다. 이 비용은 당신이 받을

로열티에서 배급 비용과 함께 공제되고, 제조 관리비
조로 약간을 더 떼게 될 것이다.

우리는 러프 트레이드와 일했다. 우리의 첫
KLF 음반을 가져갔을 때 그쪽에서는 아는 체도
안 해줬다. 기껏해야 500장 팔릴 거고 그나마
대부분은 뭣도 모르는 수출업자들에게 떠넘길
음반으로 생각한 것이다. 그러다 한 록 매체에서
우리가 좋은 리뷰를 받자 비로소 배급해주기로 했다.
우리의 두 번째 정규 앨범을 녹음할 때가 돼서야
제조까지 함께 담당할 가치가 있다고 판단해줬다.
당신이라면 이렇게 시간을 낭비해서는 안 된다.
들어가서 그냥 떠맡겨야 한다. 우리가 시작한
1987년과 달리 지금은 당신에게 유리한 점이 있다.
당시에는 듣보잡이 히트곡을 낼 거라고 누구도
기대하지 않았다는 것이다. 이제는 누구나 히트곡을
낸다. 배급사는 눈을 크게 뜨고 기다리고 있다. 가서
계약서 초안을 변호사에게 보내달라고 해라.

이들에게 또 얻어낼 게 있다. PR, 발매 일정
관리, 아트워크, 영업, 클럽 프로모션 등이다. 이
전부에 대해 배급사는 유용한 지식을 가지고 있고
또한 적극적으로 당신을 도울 것이다.

당신이야 음반을 최대한 빨리 내고 싶겠지만,
연중 엉뚱한 시즌에 발매했다가는 차트에서의

가능성을 싹 망칠 수 있다. 11월이나 12월은
무의미하다. 쇄도하는 거물급 아티스트와 시즌 송에
밀려 사라질 것이다. 배급사도 앞으로 발매 예정인
음반들 때문에 여력이 없다. 당신 음반에는 배급사의
전적인 협조와 지원이 필요하다. 배급사 측의 다른
주력 음반과 경쟁하는 건 무의미하다.

아트워크와 커버, 라벨.[150] 이에 관해서는 이미
당신도 수많은 아이디어가 있을 것이다. 그림 좀
그리는 친구에게 부탁하는 건 절대 안 될 일이다.
커버든 라벨이든 아트워크는 인쇄했을 때 최적의
효과를 내고 제 역할을 다하도록 전문 작업이
이뤄져야 한다. 배급사에서 만나볼 만한 그래픽
아티스트를 추천해줄 것이다. 배급사 사무실의
전화기로 약속을 잡고 최대한 빨리 만나라.

PR도 최소한 한 명은 추천해줄 것이다. 러프
트레이드에서 우리의 레이블 매니저가 된 앤젤라는
'어피어링 뮤직 앤 미디어 매니지먼트'라는 팀을
이끄는 스콧 피어링(Scott Piering)[151]이라는 이상한

---

150. 여기서는 바이닐 음반의 중앙에 붙은 스티커 형태의 라벨을 가리킨다.

151. 1970년대 밥 말리 앤 더 웨일러스(Bob Marley and the
Wailers)가 미국에 첫 선을 보일 때 프로모터로 활약했다. 1980년대에
영국으로 건너가 펑크 및 뉴웨이브 신과 밀접한 연을 맺었다. 스미스를 비롯해
스테레오포닉스(Stereophonics), 오브(The Orb), 펄프(Pulp), 뉴 오더,
언더월드(Underworld), 프로디지(Prodigy)등 수많은 아티스트를 담당하며

미국인을 소개해줬다. 실수였을지 모르지만 우리는 그를 택했다. 이번 주가 끝나기 전에 당신은 최소 한 명의 PR을 만나봐야 한다.

영업. 까다롭고 돈도 많이 드는 분야지만 곡이 완성되기 전까지는 아무도 만날 필요가 없다. 이 부분은 나중에 다시 이야기하련다.

클럽 프로모션도 마찬가지다.

싱글 음반에서 커버가 다 무슨 소용일까? 음반 가게에 가서 20위 안에 든 싱글들의 커버를 살펴봐라. 거의 다 딱히 대단할 게 없을 것이다. 사람들은 비주얼에 너무 신경을 쓴다. 생난리를 친다. 아주 목숨을 건다. 한 아티스트가 사용하는 비주얼은 그 추종자들이 자신을 투영하는 어떤 '애티튜드'를 형성하는 데까지 이른다.

당신에게는 그런 게 필요 없다. 그저 커버에서 곡 제목과 아티스트 이름이 눈에 확 띄도록 밝고 컬러풀하게만 해라. 대단한 콘셉트는 필요 없다. 다만 깔끔한 그래픽이면 된다. 뒤표지에는 더 많은 정보를 넣을 수 있다. 크레디트나 재치 있어 보이려는 말장난 같은 것 말이다. 라벨 디자인에는 다른 레코드 라벨에 나오는 기술적인 안내문을 전부

100곡 이상을 톱 20에 올려놨다.

적으면 된다. 혹시 잘 모르는 게 있다면 변호사에게 확인해보는 것도 좋다.

사진은 굳이 쓸 것 없다. 돈과 시간을 들여 포토 세션을 하는 건 번거롭기만 하다. 참고로 우리는 의도한 바가 따로 있어서 사진을 쓴 적 있지만 돈은 억수로 들었다.

입은 옷이나 쓴 안경이 좀 마음에 안 들 수는 있더라도, 그래픽 아티스트의 99퍼센트는 괜찮은 놈들이다. 음반 커버를 작업해주고, 말도 잘 들어주며, 자기 할 일은 알아서들 잘 해낸다. 판형에 관해서는 배급사에서 제조 업무를 담당하는 사람과 이야기하라고 해주고 인쇄에 적합한 아트워크가 완성되면 그쪽으로 보내달라고 해라. 7인치와 12인치 커버에는 유감이지만 400파운드까지 들어갈 수 있다. 예산은 최대한 적게 잡아달라고 해라. 디자이너가 바쁜 시간을 쪼개 청구서를 보내면 아트워크 비용은 28일 안에 지불해야 할 것이다.

다음은 PR이다. 전국에 당신 곡이 들리게 해줄 사람이다. 지금부터 이 거대한 퍼즐에서 필시 가장 중요한 역할을 하게 될 사람이다. 이 쳇바퀴 경주에 관한 그의 신념과 비전, 이해가 없이는 어디에도 다다를 수 없다.

언제든 기용할 가치가 있는 독립 PR은 런던

전체에서 다섯 명이 채 되지 않는다. 그러나 PR들의 리그는 항상 변화의 물결이 일기 때문에 여기서 한두 명 추천해봐야 도움이 안 될 것이다.

우린 다른 사람과 이야기도 해보지 않고 스콧을 선택했다. 앞에서 그에 관해 한 말을 취소하고 싶다. 그건 실수가 아니었다. 우리가 고른 최고의 선택지였다.

그러니 PR을 고를 때는 그가 가진 신념과 비전, 이해를 봐라. 좀 막연한 개념이지만 만나서 5분만 이야기해봐도 알 것이다. 이외에는 거침없이 적극적인 태도가 있어야 한다. PR은 자기 역할이 어떤 건지 설명하려 할 것이다. PR마다 자기들 일이 뭔지 서로 다르게 이해하고 있기는 한데, 대체로 다음과 같은 일을 할 수 있어야 한다.

1. PR 업무를 제대로 하기 위해 음반에서 드러나야 하는 것에 대한 구체적인 조언.
2. 라디오 1 PD와 미팅하고 최대한 호의적인 방향으로 당신 음반을 들려주기.
3. 어린이 방송에도 나갈 수 있는 비디오를 제작하기 위한 조언과 조력, 그리고 배고픈 젊은 비디오 제작자들과 연락 취하기.
4. 24시간 동안 일하며 언제든 당신이 원할 때

연락이 닿을 것.

누군가 어떤 음반을 싫어하는데 억지로 좋아하도록
만들 수는 없다. 그러나 라디오 1 PD를 만나 당신
음반을 들려주고는 자기 할 일 다 했다고 생각해서는
PR로서 충분하지 않다. PR은 라디오 1 PD의 내면에
대해 빠삭하게 알고 있어야 한다. 그가 방송국
내에서, 그리고 전국의 청취자들에 대해 느끼는
압박과 책임감을 이해해야 한다. 왜 PD는 PR이라는
개념 자체를 증오하면서도 그중 몇 명은 좋아하고
심지어 아끼는지 알아야 한다. 메이저 음반사라면
PD를 만나 값비싼 식사를 접대하고 승마나
모터보트 레이싱, 행글라이딩, 제트팩을 시켜주며
온갖 장난질이나 농담에 어울려주는 막대한 비용을
지불할 수 있다. 전부 (아주 미묘하게 판을 깔더라도)
결국 호감을 사려는 행위다 보니 PD의 마음속에는
막대한 자기혐오가 일어나 그게 자기표현의 형태로
다시 PR을 향하는 것이다.
　　수확 체감의 법칙은 모든 걸 지배한다.
　　PR이나 라디오 1 PD가 되는 건 위험한
게임이다. 자신의 영혼이 가졌을지도 모를 훌륭한
자질을 가장 빠른 속도로 잃어버리는 길이다. 민망한
옷차림의 중년 남자가 7인치 크기의 플라스틱

판때기를 들고 뛰어다니며 그 안에 뭔가 역사적으로
중요한, 영국 대중이 꼭 들어야 뭔가 담겨 있다고
서로를 설득하려는 모습은, 어쩌면 슬픈 광경일 수도
있다.

부디, PR이 하는 말을 전부 잘 들어라.
그가 어떻게 생겨먹었든 그는 이 호랑이굴에서
무슨 일이 벌어지는지 제대로 이해하고 있는
단 한 사람이다. 『NME』,[152] 『스매시 히츠』,[153]
『스래셔(Thrasher)』[154]를 몇 년 동안 읽는다고

152. 1952년 창간한 영국의 음악 주간지. 정식 명칭은 'New Music Express.'
『NME』를 유명하게 한 건 대중문화에 대한 감각이었다. 경쟁 매체들에 비해
발 빠르게 조류를 받아들였고, 대중음악의 시대적 흐름이 바뀔 때마다 중요한
역할을 했다. 제호처럼 '새로운 음악'을 다뤄온 매체인 셈이다. 그런 것 치고는
가벼워 보이기도 하는데, 진지한 음악 기사 외에 가십 등 자극적인 내용도 함께
다뤄왔기 때문이다. 「NME 음악상」의 트로피가 중지를 들어올린 손 모양인
것도 유명하다. 말하자면 대중음악계를 향한 뾰족한 '애티튜드'를 잘 보여주는
매체라고 할 수 있다. 2018년부터는 온라인에서 무료로 읽을 수 있다.
153. 1978년 창간한 영국의 격주간지. 10대를 겨냥한 가벼운 잡지였다. 특히
1980년대 팝 음악의 색감이 점점 화려해지면서 그 장점이 더욱 살아나 큰
반향을 얻었다. 인터뷰나 기사에 농담이 많이 섞이는 편이었는데, 인터뷰이에게
"당신 모친은 골프를 치십니까?" 같은 질문을 꾸준히 한 기자의 이름이
닐 테넌트(Neil Tennant)였다. 그는 『스매시 히츠』의 취재를 위해 출장을
갔다가 평소 좋아하던 프로듀서를 만나 의기투합했고, 그참에 펫 숍 보이스를
결성하면서 잡지를 떠났다.
154. 1981년 창간한 미국의 스케이트보드 잡지. 음악 또한 비중 높게 다뤘다.
빠른 템포로 에너지를 쏟아내는 하드코어 펑크(Hardcore Punk) 음악이
스케이터 문화와 결합하는 과정의 중심에 서 있었다. '스케이트 펑크(Skate

인간 영혼의 역겨움이나 팝 음악의 세계에 관해 이 사람만큼 인사이트를 가질 수는 없다. 혹여나 그에게 그런 인사이트가 없다면, 잘라버려라.

우리의 PR인 스콧 피어링은 이 모든 걸 넘칠 만큼 지녔다. 그는 정신과 육체가 붕괴하는 경계선에 걸쳐 살고 있다. 그리고 그게 희한한 방식으로 드러난다. 그의 자동차가 그를 대신해 고장 나버리고 그때마다 그는 자동차를 고친답시고 정신줄을 놓은 채 자동차에 폭력을 휘두르는 것이다. 그래도 길 한복판에서 그가 무너져내려 쇠망치로 그의 몸을 두들기는 것보다는 낫다.

스콧의 머리에는 우리 식으로 말하면 '소가 핥은 자리'가 있다. 앞머리 한 줄기가 어떤 식으로든 다른 머리칼과 조합되기를 거부하는 것이다. 흥분도가 일정치에 도달하면 스콧은 소가 핥은 머리를 쉼 없이 꼬고 두들기며 가라앉혀 보겠다고 딱한 모습을 연출하고야 만다.

다음으로는 그의 밝은 보라 점퍼가 있다. 취향 없는 티를 내는 방법도 가지가지다. 여기에 견주면 마크 E. 스미스(Mark E. Smith)[155]가 입고 다니는

Punk)' 용어를 처음 제안한 것도 『스래셔』였다고 한다. 1980년대에 걸쳐 스케이터 취향의 펑크 컴필레이션 음반도 여러 번 기획하고 제작했다.
155. 포스트펑크 밴드 더 폴의 멤버 겸 싱어송라이터. 노동자 계급 친화적인

셔츠도 진품 폴 스미스(Paul Smith)처럼 보일 지경이다. 가장 이상한 건 체인이다. 두툼한 목 주위에 꽉 끼게 맸는데, 하필 연장 같은 게 달려서 쉴 새 없이 살에 파고든다. 딱히 상처가 나거나 부은 것 같지는 않지만, 이렇게 공공장소에서 수치도 모르고 방종하는 마조히즘에는 분명 목적이 있을 것이다. 차마 물어보지는 못했다. 그는 또한 최고의 프리마 돈나들도 무색해 할 만큼 성질을 부리곤 한다.

그가 없었다면 이 책의 제목은 '47위 곡 제조법: 약간 어렵게'가 됐을 것이다.

그는 진정한 능력자다.

돈과 PR. PR들은 돈을 많이 요구하고, 음반이 잘나가기 시작하면 더욱 요구한다. 스콧은 처음 일에 착수할 때 1,000파운드를 원하더니 차트에서 몇 위인가를 할 때마다 온갖 보너스도 요구했다. 1위에 오를 때까지 다 합쳐 5,000파운드는 지불했다. 비용 쓸 곳도 많고 스콧의 팀도 죽자 살자 일하긴 했지만, 음반이 발매되는 당일에 첫 1,000파운드를 내줘야 했다. 그리곤 두 달 사이에 4,000파운드를

태도와 잦은 싸움질로 유명했으며, 미디어 환경과 비평에 대해 혹독한 비판과 조롱을 가하며 비평가들의 영원한 짝사랑 대상이 되기도 했다. 더 폴은 BBC 「필 세션」의 존 필(John Peel)이 오랫동안 숨김 없이 사랑하고 지지한 밴드기도 했다.

더 냈다. 이보다 훨씬 저렴하게 일할 수 있는 사람도 있겠지만, 아마 별로 도움은 안 될 것이다.

스튜디오 사장과 마찬가지로 PR도 종종 남의 파이에 숟가락을 얹으려 한다. 당신의 파이를 건드릴지도 모르니 주의할 것.

아무리 PR이라도 비디오가 없다면 TV와 관련해 해줄 수 있는 건 많지 않다. 실제로 전파를 타든 안 타든 비디오는 PR이 사람들에게 보내주면서 노래에 관심을 갖게 하는 데 사용된다. 하지만 비디오 이야기는 최종 믹싱이 끝난 뒤에 마저 하자.

독립 PR은 보통 언론을 다루는 사람도 팀원으로 데리고 있다. 언론 담당자다. 가진 사람들 말로는 '퍼블리시스트'라고 한다. 터놓고 말하면, 이들의 일은 갖가지 출판 매체에 최대한 기사를 깔아놓는 것이다.[156] 퍼블리시스트는 PR이 라디오 PD를 이해하듯이 기자와 에디터들을 이해하고 있어야 한다. 우리 프로젝트에서 퍼블리시스트의 역할은 부차적이다. 꼼꼼하게 전략을 짜고 매체를 통해 실현하는 건 커리어를 일구는 최고의 방법이지만, 이런 건 몇 달, 몇 년이 걸린다. 당신이 추구하는 당장의 성공을 위해서는 음악 잡지의 리뷰는

---

156. 한국에서는 퍼블리시스트를 따로 두는 경우가 많지 않다. 대체로 PR이 이 업무까지 맡는다.

호평이든 악평이든 무의미하다. 당신의 허영심을
충족하는 것 외에는 어떤 영향도 주지 못한다. 특정
매체에 등장하지 않는 건 다른 특정 매체에 꼭
등장하는 것만큼이나 중요하다.

당신에게 퍼블리시스트가 필요한 건 일단
음반에 관심이 쏠릴 때 타블로이드와 청소년 잡지에
사진과 가십거리, 특이한 발언이 실리게 하기
위해서다. 포토 세션을 조율하고, 사진가와 스튜디오
비용을 깎는 데도 도움을 줄 것이다.

PR과 퍼블리시스트는 보통 서로를 일정한
수준의 경멸로 대한다. 퍼블리시스트가 어떤
아티스트를 담당해 록 잡지들의 표지를 꾸준히
장식할 때 같은 아티스트를 담당하는 PR은 이른
저녁 방송 외에는 라디오 1의 손끝 하나 못 대기도
한다. 퍼블리시스트는 PR이 무능하다고 생각할
것이다.

또는 반대다. PR이 방금 클라이언트의 곡을
두 번째로 1위에 올려놨는데 퍼블리시스트는
『멜로디 메이커(Melody Maker)』[157]의 반 쪽밖에 못

---

157. 1926년 창간한 영국의 대중음악 주간지. 초기에는 재즈가 중심이었다.
깐깐하고 엘리트적인 기조를 띠기도 했지만 1980년대에 들어서는 훨씬 팝적인
방향으로 선회했다. 다소 보수적이지만 권위와 전통을 지닌 중요한 잡지로,
오랜 세월 대중음악계에 영향력을 발휘하다가 2000년에 흡수 통합되며

따내기도 한다. PR은 퍼블리시스트가 무능하다고
생각한다.

　뻔한 예는 얼마든지 있다. 다이노소
주니어(Dinosaur Junior)[158]는「브랙퍼스트
쇼(Breakfast Show)」에 절대 못 나가고, 릭
애슬리는『사운즈(Sounds)』[159]의 표지를 장식할 수
없다.

　우리 멤버 한 명은 9년 동안 한 퍼블리시스트와
함께 일했다. 지금 우리 일도 해주는
퍼블리시스트다. 이름은 믹 휴턴(Mick Houghton,
'하우턴'이라 발음한다.)이다. 재활에 성공한 전직
약쟁이로, 범죄 소설가를 꿈꾸고 크리켓에 열광하며

사라졌다. 다름아닌 오랜 라이벌『NME』에.

158. 1984년 결성된 미국 매사추세츠 지역 출신 록 밴드. 클래식 록과 펑크의
영향을 받은 독특한 스타일을 구축해 뜨거운 지지를 받았다. 1990년대
얼터너티브 록(Alternative Rock)의 탄생에 매우 큰 영향을 발휘했다. 멜로디
감각이 살아 있는 기타 연주와 저음으로 지글지글거리는 베이스, 자주 끼어드는
피드백 노이즈, 그리고 나른하게 늘어진 보컬은 분명 아침 방송을 위한 거라고
하긴 어렵다.

159. 1970년 창간한 영국의 음악 주간지.『멜로디 메이커』의 좌파 버전을
지향한 것으로 알려졌다. 영국 각지의 로컬 음악 신에 상당한 중점을 두며
새로운 아티스트들을 꾸준히 소개했고, 펑크를 제대로 다룬 최초의 매체 중
하나이기도 했다. 생존여부에 대한 논란이 지속되면서 그 논란의 생존 여부
역시 논란이 되기를 거듭한 '브릿 팝(Brit Pop)'이란 용어를 처음 사용한 역사적
잡지. 1990년 폐간했다.

그레이트풀 데드(Grateful Dead)[160]가 언젠가는 절반이라도 괜찮은 정규 앨범을 내주기를 기다린다. 현실주의자로, 헛소리는 입에 대지 않는다. 라디오 1의 'A 리스트'[161]에는 절대 못 들지만, 잡지 표지에는 잔뜩 나오는 여러 아티스트를 담당한다.

우리는 다른 퍼블리시스트도 모를뿐더러 첫 미팅에서 뭘 보고 판단할지도 모른다. 그러니 PR이 이미 고용해둔 퍼블리시스트가 없다면 그냥 한 명 추천해달라고 해라.

퍼블리시스트도 돈을 원한다. 우리는 우리 싱글을 담당하는 비용으로 믹 하우턴에게 1,000파운드를 지불했다. 이런 말을 하면 싫어하겠지만 그는 PR보다 훨씬 적은 돈을 받는다. 지출하는 경비도 훨씬 적고 노동 시간도 적기 때문이다.

퍼블리시스트의 업무 도구는 전화기, 복사기, 그리고 거짓말 실력이다.

---

160. 1965년 결성된 미국의 사이키델릭 록 밴드. '컬트'라고밖에 할 수 없는 지지를 받은 밴드다. 우주를 탐험하는 듯한 환각적인 사운드와 즉흥 연주로 약물 친화적인 사운드를 펼쳤다. 앨범도 앨범이지만 이들의 핵심은 라이브에 있었는데, 거점은 샌프란시스코에 두고 있다지만 멈출 새 없이 미국 전역을 떠돌아다니며 공연했다. 공연장 밖에는 이들의 투어를 매번 따라다니는 팬들의 구름 같은 행렬이 장관을 이뤘다.

161. 바로 뒤에서 설명하니 초조해하지 않아도 된다.

금요일. 주말은 쉬면서 그간 당신이 돌려놓은 톱니바퀴와 앞으로 몇 주 뒤 당신에게 날아올 청구서에 대해 걱정해본다.

3주 차가 끝날 때까지 당신은 변호사, 회계사, 배급사, 디자이너, PR, 퍼블리시스트와 만나 관계를 설정하고, 일이 굴러가도록 기름칠을 해뒀을 것이다. 변호사는 이미 배급사에서 받은 계약서 초안을 검토하고, 여러 단체의 가입 절차를 정리하며, 당신의 곡에 사용한 샘플들의 저작권을 클리어[162]하고 있을 것이다. 회계사는 부가가치세 신고 대상자 등록을 하고 당신이 거래하는 은행과 연락하고 있을 것이다. 그리고 당신은 가래떡처럼 늘어져 있을 테고.

금요일 오후. 믹싱 예약을 해둔 스튜디오에 연락해 다음 주 월요일과 화요일에 아무 문제가 없는지 확인한다. 멀티 트랙 믹서가 제때 도착하는지도 확실히 해둔다. 엔지니어와 잡담을 나누며 그가 가지고 놀아야 할 외장 장비 일체를 주문해뒀는지도 확인한다.

---

162. 샘플 사용에 대해 권리자로부터 허가를 얻고 이에 따른 비용을 지불하는 일. "그 샘플은 어제 클리어했어."같이 동사로 사용한다.

4주차¹⁶³

월요일 아침. 믹싱(mixing). 사방천지에서 그게
뭔지도 모르는 사람들에게 잔뜩 들어본 그 말이다.
우리가 아직 말해주지 않았다면, 믹싱은 멀티 트랙
테이프에 있는 것 중 어떤 걸 어떤 순서로 사용할지
정하면서 전체적인 사운드를 개선하는 작업으로,
대단히 많은 결정 끝에 남은 것들을 2트랙, 즉
스테레오 마스터 테이프에 녹음하는 일이다. 음반은
이때 만들어진다. 세상이 듣게 될 무엇에 거의 다
왔다.

　　"믹싱으로 해결하면 돼!"
　　"믹싱할 땐 괜찮아질 거야!"

이따위의 소리를 들어봤을 것이다. 많은 사람이 믹싱
공포증을 심하게 겪는다. 최종적 진실의 순간이기
때문이다. 이 시점에서, 처음부터 모르고 있었다면,
2,000파운드를 날렸음을 깨닫는다.
　　첫날은 12인치 버전을 작업한다. 웬만한 건
엔지니어에게 맡겨두고, 아이디어나 좀 던져주면서,

---

163. 즉, 당신의 음악 여정에서 앞의 내용은 1~3주차에 해당한다.

원하는 방향을 감 잡을 만한 음반을 몇 장 들려줘라.
그러다 끓는 주전자로 돌아가 차를 끓여라.

엔지니어가 드럼 트랙[164]을 올리고 사운드를 좀
만졌을 때면 세상 무엇과도 비교할 수 없이 머릿속이
아득해지고 춤이 절로 나와야 한다. 드럼만으로도
클럽에서 밤새 이어질 수 있고 플로어가 꿈틀대는
살덩이로 가득할 수 있어야 한다.

모험을 걸어라. 갖가지 사운드를 올려달라고
하고, 모든 부분에 에코(echo)도 걸어보며 온갖 짓을
해보자. 비트를 멈추지 마라. 비트를 놓치지 마라.
비트를 함부로 다루지 마라. 완전히 다르게 믹싱해볼
시간이 있다면, 해봐라. 남길 것 없이 망하는 걸
두려워 마라. 태고의 그루브 여신의 발 앞에 경배를
바쳐라.

에디팅. 엔지니어에게 칼을 쥐여주고 괴상하며
멋진 에디팅을 시키자. 좋은 믹싱 엔지니어는, 다시
곡 안으로 에디팅돼 들어가 신박하고 아름답게
환생하기를 기다리는 테이프 조각들을 사방에

---

164. 엔지니어나 프로듀서마다 작업 방식은 다르지만, 가장 많은 경우 제일
먼저 작업하는 건 드럼 트랙이다. 곡 전체의 흐름을 따라 다른 어떤 소리도
없이 드럼만 울리는 걸 듣고 있으면 여러 의미로 사람이 이상해질 수 있다.
허전하거나 신나거나 흥분하거나 고통스럽거나.

늘어놓는 일을 그 무엇보다 좋아하는 법이다.[165]

다음날. 화요일. 7인치 믹싱이다. 7인치 버전을 믹싱하는 태도는 훨씬 더 절제돼야 한다. 12인치 믹싱에서는 트랙의 물리적이고 섹슈얼한 요소가 벌거벗은 채 들어가 댄서들이 그루브에서 풀려나지 말아야 한다는 제약밖에 없다. 하지만 아쉽게도 7인치에는 그런 광포하면서도 창조적인 몸짓이 들어갈 자리가 별로 없다.

7인치 버전은 반드시 스튜디오의 작은 스피커로 믹싱해야 한다. 커다란 스튜디오 모니터 스피커는 어떤 트랙이라도 힘을 더해주는데, 이런 것에 속아 넘어가서는 안 된다.[166] 어떤 시점에라도 후크가 등장해 캐주얼한 청자의 귀청을 때려줘야 한다. 12인치를 믹싱하는 동안 떠오른 아이디어를

---

165. 실제로 과거에는 소리가 녹음된 마그네틱 테이프를 가위로 자르고 테이프로 덕지덕지 붙여가며 편집을 했다. 물론 지금은 전부 디지털로 작업한다.

166. 스피커의 크기는 대체로 저음을 재생하는 능력과 직결된다. 클럽의 사운드 환경은 대개 노트북 스피커나 이어폰보다 훨씬 낮은 초저역(sub-bass)까지 들려주므로 특히 클럽 음악은 이 영역을 정확히 듣기 위해 큰 스피커를 사용해 작업하는 게 일반적이다. 그러나 7인치 버전은 어차피 초저역을 들을 수 없는 라디오나 가정용 오디오 등으로 감상하는 경우가 더 많기 때문에 지은이들은 작은 스피커를 권하는 것이다. 실제로는 엉망인 음악이 단지 스피커 덕에 좋은 곡처럼 들려서야 제대로 작업할 수 없으니 말이다. 신발을 살 때 매장에 놓인 다리가 길어 보이는 거울에 속아서는 안 되는 것과 비슷하다.

7인치에도 써먹을 수도 있을 것이다. 특히 브레이크 섹션이 그렇다. 절대 잊지 말자. 오늘은 모든 게 3분 30초 이내로 압축돼 마무리돼야 한다.

곡에 보컬이 있다면 똑같은 인스트루멘탈 (intrumental) 버전도 꼭 만들어라. 외국에서 TV 쇼 배경음악으로 써먹을 수 있을지도 모른다. 스튜디오에서 모든 믹싱 버전을 백업해 보관하는지 확인해라. 모든 버전을 담은 카세트테이프 복사본을 대여섯 개 만들어둬라. 다 쓸 데가 있다.

수요일. 여유 있게 보낸다. 늦잠도 잔다. 우체통을 확인한다. 서명할 게 있으면 한다. 슬슬 동네 가게에 가서 먹을 것도 좀 산다. 구름이 끼고 칙칙한 날일 것이다. 어쩌면 이따금 비도 내릴 것이다. 크리켓 평가전이 있다면 잉글랜드는 적당히 잘할 것이다. 사소한 비극이 세상 어디에선가 일어났을 것이다. 파리에서 메트로 충돌 사고가 있거나, 코펜하겐 티볼리 공원에서 소요가 있거나, 그런 것 말이다.

이제는 옛 음반을 틀어놓고 인생사의 새옹지마를 생각하며 예전의 하룻밤 잠자리 상대가 당신을 기억할지 자문해본다. 오후에는 전화를 몇 통 건다. 디자이너를 쪼고, 변호사의 진행 상황을 확인하고, 빨래를 한다. 배급사에 전화해 당신의 믹싱 엔지니어가 선호하는 커팅 룸에 커팅(cutting)[167]을 예약해달라고 한다. 밖으로 나가 하늘을 가로지르는 비행기를 구경한다. 지금 무슨 일이 일어나고 있는 건지, 당신 일에 동참하는 사람들의 인생은 어찌 될지, 왜 저 비행기는 하늘에서 떨어지지 않으며, 만일 그렇게 되면 당신은 어떻게 할지 생각한다.

　목요일은 수요일과 똑같이 보낸다. (사소한 비극은 빼고.) 음반을 담은 카세트테이프를 포장해 당신의 PR과 퍼블리시스트, 배급사 담당자에게 보낸다.

　목요일 저녁. 울적한 기분이 부드럽게 찾아올 것이다. 「톱 오브 더 팝스」를 시청한다. 음악 잡지를 읽는다. 그리고 금요일이 아무렇게나 흘러가도록 내버려둔다.

　토요일. 비행기 한 대가 이륙 직후에 추락한다. 블랙박스가 발견되면 누구의 책임인지 밝혀질까? 아마도 아닐 것이다.

---

167. 뒤에 친절한 설명이 나오지만 간단히 말하면 바이닐을 생산하기 위해 마스터본을 만드는 작업이다.

5주차

다섯 번째 주는 또 새로운 일로 가득하다. 다시 런던에 가서 서명도 몇 번 해야 하고 바이닐 커팅도 해야 한다. 클럽 프로모션도 하고, 영업 관계자도 만나야 한다.

　음반을 커팅한다는 건 이런 것이다. 마스터 테이프를 커팅 룸에 가져가면 커팅 엔지니어가 테이프를 틀어놓고 음질이 어떻네 이상한 소리를 늘어놓으며 기계를 작동해 테이프에서 나오는 소리를 이퀄라이징(equalizing, EQ)[168]한 뒤 (바이닐이나 라디오 방송은 특정한 음역의 소리만 재생되기 때문에 이 과정이 필요하다.) 새 테이프에 다시 녹음한다. 이때 소리가 조금 단단해지는 경향이 있다. 엔지니어는 이 테이프로 래커를 깎는다.

---

168. 음역에 따라 소리를 키우거나 낮추는 작업. 예컨대 보컬이 더 잘 들리기를 바란다면 사람 목소리가 주로 분포한 대역의 음량을 올리거나 하는 식이다. 물론 이런 이야기를 사운드 엔지니어나 음악가에게 하면 높은 확률로 그를 흥분시킬 수 있다. "이퀄라이징은 다른 소리를 낮추는 방식으로 해야 한다고!" 또는 "목소리의 존재감이나 명료한 발음이 결정되는 대역은 따로 있단 말이야!" 같은 식이다. 이퀄라이징의 또 다른 매우 중요한 역할은, 아주 낮거나 높은 음역 등 자칫 잘 들리지 않는 대역의 소리를 아예 없애버림으로써 혹시 불필요한 소리가 남아 있다가 예상치 못한 방식으로 간섭을 일으키는 일을 미연에 방지하는 것이다.

래커란 검정 래커[169]로 균일하게 코팅된 금속판으로, 이제 이걸 당신이 생전 처음 보는 값비싼 레코드 데크에 올리게 된다.

커팅에 관해 이야기하고 있자니 솔직히 우리도 정말 지루하다. 커팅은 지루하다. 커팅 룸도 그렇고, 돌아가는 사정과는 아무 관계 없는 의견을 늘어놓는 커팅 엔지니어도 마찬가지다. 방법만 있다면 우리도 이 책의 나머지는 때려치우고 「톱 오브 더 팝스」 스튜디오에 사람들을 몰래 들여 보내는 방법이나 말해준 뒤 덮고 싶다. 그리고 그대로 책을 찍어버렸으면.

우리도 이성과 책임감을 저버리고 싶지 않다. 그러나 이 책 집필은 주말까지는 끝내고 싶다. 다음 프로젝트로 넘어가고 싶다. 새 장비도 들여놨는데 이게 아주 재미있다. 최소한 대여섯 장의 정규 앨범과 두 편의 영화를 작업해야 하고, 전시회 계획도 있으며 요트도 한 척 사고 싶다. 이 모든 걸 연말까지는 마쳐야 하는데, 여기서 책이나 쓰며 시간을 축내고 있다. 고작 1년 뒤면 하나 마나 한 소리가 될 텐데. 폐기된 유물 말이다. 써먹을 곳이라고는 1980년대 후반 영국 사회의 특정 계층이

169. 흔히 '라카'라 부르는 그 물질.

품었던 열망을 기록하는 사회사의 일부로서가
고작일 것이다. 아주 짧은 시일 안에 일본인들이
기술을 발전시키고 가격도 대폭 떨어뜨려 이 모든 걸
집안에서 할 수 있게 될 게 분명하다. 그러면 앞에서
한 스튜디오를 방문하는 잡소리는 전부 걸러버려도
될 것이다.**170**

우리는 이 원고를 영국의 오랜 상업가에 있는
공립 도서관에서 쓰고 있다. 때 묻은 명작이 그득한
곳이다. 500쪽이 넘는 책도 많다. 문장도 제대로다.
누구는 그런 책을 쓰기 위해 몇 년 동안 피땀을
흘리는데, 우리는 이 허접한 원고 하나 마무리하지
못하고 있다.

오늘 아침에 발견한 책이 있다. 『비유
사전(A Dictionary of Similes)』이라는 책인데,
1807년에 출간됐다. 우리 문장에 더할 양념이
좀 있을까 싶었다. 한 장 한 장이 끝내준다. 아무
데나 펼쳐봐야겠다. 265쪽. '돈(money)'과 '꼼짝
않다(motionless)' 사이의 표제어를 읽어보면

---

170. 그런데 그 일이 실제로 일어났다. 2019년 현재 홈 스튜디오 장비는 매우
저렴해지고, 소프트웨어의 편의성도 대폭 향상됐다. 디지털 발매라면 발품 파는
일 없이 대부분의 일을 집에서 마칠 수 있다. 엔지니어와 프로그래머에게 일을
맡기는 것조차도. 그럼에도 보컬은 스튜디오에서 녹음하는 게 좋다. 스튜디오는
외부의 소음도 막아주고, 녹음실 내부의 소리도 예쁘게 받아주는 환경이
중요한데, 이를 위해 2년 뒤 이사할 전셋집을 공사하는 건 비효율적이다.

이렇다.

보육원 아이의 드레스처럼 밋밋하다.(미상)
시인만큼 침울하다.(토머스 섀드웰) 털갈이하는
새처럼 늘어졌다.(롱펠로) 나는 촌동네에서
결혼하고 살아온 것처럼 무기력하다.(G.H. 루이스)
페퍼민트처럼 도덕적이다.(미상)
페퍼민트처럼 도덕적! 페퍼민트처럼 도덕적? 망할
페퍼민트처럼 도덕적이라고???

필시 1807년에는 페퍼민트에 뭔가 희한한
함의가 있었으나 뒤이은 세월을 거치며 사라진
모양이다.

1807년, 그러니까 페퍼민트가 도덕적이던
시절에는 이 주의 핫한 신보를 띄워줄 PR도 영업
대행사도 없었다. 허허벌판에서 참호를 무릎으로
박박 기어 다니며 뭐라도 떠오른 감정을 구하기도
어려운 수첩에 적어대야 했을 테고, 우리의 책
제목도 이랬을 것이다.

"저명한 참전 시인 되는 법: 최대한 쉽게"

"토미 이등병이 토미 이등병했으니 토미
    이등병은 괴롭지 않네 토미 이등병이 감당 못할
    토미 이등병은 욕을 먹고 독일놈 프리츠가

고양이 프리츠를 먹일 때 황제는 왕좌에 앉고
프리츠가 토미에게 떠든다네 고향에 두고 온
프롤라인에 대해"

우리는 그렇게 정상에 올랐다. 오언, 서순,
그레이브스[171]와 함께.

"진도나 나가!"라는 말이 뻔히 들린다. 알겠다.

래커를 프레싱 공장에 가져가는 건 배급사가
처리해줄 것이다. 며칠 뒤에는 테스트본을 몇 장
가지고 올 것이다. 들어본 뒤 이렇게 말해야 한다.
"전 괜찮은 것 같아요." 그러면 이어서 초도 물량을
찍게 될 것이다. 완성된 아트워크도 인쇄소에 가기
전에 확인해라. 테스트본과 마찬가지로 최종 커버의
감리본이 나와 당신 검토를 받고 나머지 인쇄에
들어갈 것이다.

★ 클럽 프로모션
전문적으로 클럽에 음반을 발송하는 회사들이 있다.
클럽은 음반을 공짜로 받는 대신 댄스 플로어 위

---

171. 윌프레드 오언(Wilfred Owen), 시그프리드 서순(Siegfried Sassoon),
로버트 그레이브스(Robert Graves)를 가리킨다. 세 명 모두 제1차 세계대전
당시의 저명한 시인들로, 군 병원에서 만나 함께 문학 세계를 키워나간 것으로
알려져 있다.

고객들이 각 음반에 어떤 반응을 보였는지 피드백을
해준다.

　수많은 음반이 발매되자마자 댄스 플로어에서
터진다고 한다. 완전히 클리셰지만, 여전히 그런
식이다.[172] 트렌드를 만드는 클럽들은 음반 발매
4주 전에 화이트 라벨(white label)[173]이나 (DJ들이
있어 보이기 위한) 가짜 미국 수입반의 형태로
새 음반을 받아본다. 발매 2주 전에는 나머지
클럽과 댄스 음반 전문 레코드점에 들어간다.
『레코드 미러(Record Mirror)』[174]에 제임스
해밀턴(James Hamilton)[175]이 그 음반에 관한
칼럼을 쓰기 시작한다. 정식 발매되는 주에는 전국

---

172. 한국은 클럽 신과 주류 가요계 사이에 꽤나 거리가 있는 실정이다. 또한
클럽에서도 국내 아티스트의 클럽 뮤직을 트는 일이 썩 흔치 않다. 그나마 이
클리셰에 근접한 경우는 DJ 한민의 「쇼 미 유어 빠세(Show Me Your BBA
SAE)」 정도인데 역시 주류 히트곡이라기보다는 '클럽 히트곡'이었다.

173. 바이닐 중심부의 라벨이 흰색이라는 의미에서 비롯된 용어. 정식 발매되기
전에 홍보용으로 전달하는 음반이다. 사실 상당히 많은 DJ가 사용한 무단 복제
바이닐도 흰색 라벨을 붙여서 유통됐기에 화이트 라벨은 여기까지 포함하는
개념이다. 한국에서 말하는 '빽판' 또한 여기서 유래했다고 한다.

174. 1954년 창간한 영국의 음악 주간지. 일반 독자 대상 매체 중 유일하게 UK
앨범 차트와 싱글 차트를 수록하는 잡지로, 비틀스를 처음 보도한 전국지이기도
했다. 1991년에 폐간됐다.

175. DJ 겸 칼럼니스트 겸 음반 수집가. 『레코드 미러』에 「디스코(Disco)」란
제목의 주간 칼럼을 연재하며 새로운 음반을 소개했다. 25만 장이 넘었다는
레코드 컬렉션은 1996년 그의 사망 후 세상 방방곡곡으로 팔려갔다고 한다.

차트에 혜성처럼 등장한다. 당신이 듣도 보도 못한 아티스트의 듣도 보도 못한 음반이 갑자기 톱 40에 등장하는 사건은 이런 식으로 일어난다.[176]

우리가 이용한 업체는 러시 릴리스(Rush Release)였는데, 누구에게든 추천해줄 만했다. 사우스 런던에 위치한 곳이다. 전화번호는 『뮤직 위크』 디렉토리 북에서 찾아본다. 미팅을 잡는다. 테스트본 음반을 가져간다. 틀어준다. 그들의 조언을 들어보고, 받아들인다.

이런 프로모터들은 다양한 클럽과 DJ의 명단을 보유하고 있어서 어떤 종류의 음반을 가져가도 이를 보내줄 만한 곳을 알고 있다. 그들이 보기에 150장만 보내면 충분하겠다 싶으면 당신에게 그렇게 말해줄 것이다. 300장을 보내고 비용을 두 배로 받을 수도 있더라도 말이다. 300장을 발송한다면 비용은 500파운드가 나온다. (1988년 기준) 우리가 「닥터린 더 타디스」를 발송한 분량이다.[177]

---

176. 2019년 한국에서는 당신이 듣도보도 못한 아티스트의 듣도보도 못한 음반이 갑자기 멜론 차트에 오르는 사건은 절대 이런 식으로 일어나지 않는다.
177. 한국에서 인디 음반은 종종 500장을 찍는데, 이는 많은 경우 CD 제조사의 기본 수량이 500장이기 때문이다. 보통 '나만 알고 싶은 밴드' 말고 '나만 아는 밴드' 정도가 되면 1,000장 정도를 찍는다. 참고로 한 달에 500장 이상을 팔면 월간 음반 판매량 차트 100위 이내에 한 자리를 보장받는다는 치기 어린 꿈도 이룰 수 있다. 그나마도 다양한 요인에 따라 2019년에 급격하게

비용은 현금으로 선불을 요구할 것이다. 작은
레이블에 수백 파운드 받을 걸 몇 번이나 떼먹혔는지
모른다며 말이다. 당신이 얼마나 불행하게
살아왔는지 들려줘라. 그리고 28일 뒤 청구되는
어음을 조건으로 일단 착수해달라고 부탁해라.
배급사 측에는 러시 릴리스가 업무를 맡았으니
최대한 빨리 300장에 화이트 라벨 스티커를
붙여달라고 알려줘라.

발매 일정은 배급사와 함께 정리하자. PR과
퍼블리시스트가 화이트 라벨을 꼭 받게 해라.
아무하고든 계속 이야기를 해라. 좋은 기운을
만들어내라. 음악 잡지 따위에 광고를 낸다고 등쳐
먹히지는 마라. 시간 낭비에 돈 낭비다. 전화는 늘
남의 걸 사용하고 택시는 타지 마라. 비디오와 포토
세션,「톱 오브 더 팝스」공연에 대해 멈추지 말고
궁리해라. 하늘에 치성을 드리는 마음으로 잠깐 차를
마셔라. 일은 또다시 걷잡을 수 없게 흘러갈 테니까.

★ 차트
우리나라 전국 차트가 어떻게 집계되는지
알려줬던가? BBC에서 사용하는,『뮤직 위크』에

늘어난 양이다. 심할 때는 100장만 넘기면 100위에 오를 수 있다.

실리는 유일한 차트. 유심히 들여다볼 필요가 있는 우리나라 유일의 차트 말이다. 시장 조사 업체 갤럽(Gallup)에서 이 차트를 집계한다.

운 좋게도 컴퓨터를 갖춘 레코드 숍은 전국에 600여 곳이 흩어져 있다. 여기서 누군가 싱글을 한 장 살 때마다 점원은 지금 팔린 음반의 카탈로그 번호를 컴퓨터에 입력한다. 이런 곳을 '차트 가맹점(Chart Return Shop)'[178]이라 부른다. 토요일 저녁 영업이 끝난 뒤 일요일 저녁 라디오 1에서 새 차트를 방송하기 전까지 갤럽에서는 이곳 중 200곳 이상을 무작위로 골라 컴퓨터에 입력된 매상을 반영하고, 이를 바탕으로 차트가 만들어진다.

이 600여 곳의 레코드 숍이 운이 좋다고 한 이유는 (물론 매번 카탈로그 번호를 입력해야 한다는 게 좀 성가시지만) 음반사들이 매장 대상 영업을 할 때 주안점이 되기 때문이다. 차트에 오를 만한 음반이라면 음반사는 어떻게든 구매자들이 이 매장들에 가서 초도 물량을 사도록 하고 싶은 것이다. 바로 이런 이유로 가맹점에 가면 더블 팩,

---

178. 판매고가 차트에 반영되려면 해당 상점이 차트에 가맹돼 있어야 한다. 아이돌 팬들은 차트 가맹점에 특히 민감해 이전에 보지 못한 음반 매장이나 쇼핑몰이 특전이나 할인 등을 제공한다고 하면 "OO 차트에 반영되나요?" 하고 꼭 물어보곤 한다.

한정판, 게이트폴드 판,[179] 12인치 리믹스, 특이한
모양으로 커팅되거나 사진이 프린트된 디스크, 싱글
CD 등, 손익분기점을 끌어올리는 온갖 특별 버전
음반이 카운터 옆에 늘어서거나 천장에 매달린 채
어떻게든 고객의 관심을 받아보려고 발버둥 치는
것이다.

★ 영업 대행사

영업 대행사는 흔히 열 명이 조금 넘는 세일즈맨으로
이뤄지며 각각 전국 각지를 분담한다. 이들은
자기 담당 구역에 있는 가맹점에 주 1회는 전화를
돌린다. 월요일에서 금요일까지, 오전 9시부터 오후
6시까지, 세일즈맨 부대가 가맹점마다 연락하며
굿즈를 나눠주거나 특가 거래를 하거나, 자제분들은
잘 크시는지 묻거나 싱글 열 장을 카운터에 얹으며
"1위만 하면 입금은 뭐 됐으니까요."라고 해댄다.

이 사람들은 절박하다. 절박한 삶을 산다. 실적
현황표에 이름이 오른 채 좌천만은 피하려 발버둥
치고 있다. 점화 플러그 외판원 신세로 돌아가고
싶지 않다. 멋지게 살고 싶다. 스타들을 만나고 싶다.
런던에 있는 음반사의 본사 사무실에서 예쁘고 맹한

---

179. 양쪽으로 펼쳐지는 바이닐 패키지를 가리킨다. 양쪽에 바이닐이 한 장씩
들어가거나 한쪽에는 바이닐 대신 책자가 들어가기도 한다.

비서에 둘러싸여 일하고 싶다. "아무도 내 출세를 막을 수 없어!" 그러니 실패할 수는 없다. 보너스를 따내야지. 팔아치워야지. 그런 것조차 배부른 소리다. "제발요! 한 장만 더 입력하면 거의 된다니까요!"

페나인 산맥(Pennines)을 넘어 펜랜드(Fens) 지방을 가로질러 웰시(Welsh) 계곡을 날아오르며, 이주의 주요 음반을 박스로 쌓아 올린 왜건들이 한 곳이라도 더 판넬을 세우고 세일즈를 하려고 달린다. 할 일이 분명한 사람들이다. 수단과 방법을 가리지 않는다. 이들은 한 주 한 주 전선에 서는 보병들이다. 이들은 평생 일요일마다 공개되는 성적표를 기다리며 살아간다. 물론 목요일에는 주간 집계가, 금요일에는 예상 차트 등이 있다. 갤럽은 목요일마다 주간 집계를, 금요일에는 일요일이면 차트가 어떻게 될지 예상해 예상치를 음악 업계에 돌리니까. 이건 일반에 공개되거나 방송을 타지는 않는다. 누군가 호루라기를 불며 "부정 마케팅이다! 사기다!"라고 소리 지르면 두들겨 맞는 건 이 사람들이다. 그렇다. 음반사는 벌금을 물지만, 이들은 직장을 잃는다. 점화 플러그를 파는 인생으로 되돌아간다.

이들이 없다면 아무리 당신 곡을 라디오에서 틀어주고 클럽에서 반응이 좋아도 차트 진입은 꿈도 꿀 수 없다. 배급사에서 하는 일은 수요에 공급을

대주는 거지 길에 나가 좌판을 깔고 팔아주는 게
아니니 말이다.

메이저 음반사에는 자체 영업 팀이 있다.
앞에서도 언급했지만 몇 년 전까지만 해도 메이저가
아니면 영업은 다른 세상 이야기였다. 하지만
이제는 인디 영업 대행사도 생겨나 인디 음악계에서
신기록을 매번 갈아치워댄다. 이런 인디 전문 영업
대행사도 대개는 메이저 음반사의 일을 하고 있음을
분명히 해둘 필요가 있다. 주력 음반 관련으로 차트
가맹점에 매주 두 번씩 영업사원이 찾아가도록 하는
보조 역으로 활동하는 것이다.

이런 사람들이라고 이타적인 이상 때문에
움직이는 게 아니다. 대처 시대가 낳은 현상에
가깝다. 그러니 적극적으로 이용해라. 일단 음반을
들려주면 그들은 당신 제안을 환영할 것이다.

연락해볼 만한 대형 영업 대행사가 세
군데 있다. 임펄스(Impluse), 불릿(Bullet),
플래티넘(Platinum)이다. 모두 1988년에 1위
히트곡을 냈다. 전화를 걸어 약속을 잡아본다.
화이트 라벨도 보내준다. 그리고 가장 관심을
보이는 곳을 잡는다. 우리는 운이 좋았는지 세 곳
모두 우리와 일하고 싶어 했다. 이들은 각자 전략도
다르고 계약 조건도 다르다. 돈은 많이 든다. 음반 한

장에 5,000파운드를 달라고 한다면, 3,000파운드를
제안해라. 이들도 PR처럼 차트 진입 보너스를 원할
것이다. 그러니 1위에 오를 때쯤이면 1만 파운드가
든다. 액수가 커도 어차피 내야 하는 돈이다. 돌아갈
방법은 달리 없다. 그나마 좋은 구석은, 살짝 강하게
나가기만 하면 배급사에서 돈이 들어오기 시작할
때까지 지불을 미루도록 해주기는 할 것이다.

　　슬슬 궁금할 것이다. '음반을 파는 데 왜
영업 대행사에 이런 돈을 줘야 하지? 팔린 만큼
수수료로 낼 수는 없나?' 아까 우리가 '좌판을
깔고 팔아준다'고 했던 말의 의미는 따로 있다. 이
사람들은 진짜로 길거리에 나가서 음반을 파는 게
아니다. 이들은 컴퓨터에 입력될 카탈로그 넘버를
사는 거고, 잘 보이는 곳에 진열될 자리를 사는
것이다. 그러려면 도구가 필요하다. 당신이 도와줘야
한다. 일단 음반을 공짜로 뿌려야 한다. 당신만
납득한다면 수천 장이 될 수도 있다. 일단은 호감을
사야 한다. 진짜 음반 판매란 흐름을 타야 시작되는
법이다. 그제야 배급사에는 음반 주문이 쏟아지기
시작한다.

　　우리도 안다. 영업 이야기나 듣고 있기는
지루할 것이다. 그래도 새겨들어야 한다. 히트곡을
만들어내는 건 이 사람들이다. 이들 없이는 아무

일도 안 생긴다. 만일 모든 사람이 한 달 동안 싱글 음반을 전혀 사지 않는다고 해도 갤럽 컴퓨터에는 숫자가 흘러 들어갈 거다. 주간 판매고 종합이 목요일에, 예상치는 금요일에, 차트는 일요일에. 아무것도 달라지지 않는다.

금요일 예상치에서 41위라는 4차원의 벽 너머에 있었던 음반을 일요일 저녁 39위라는 풍요의 땅으로 끌어 올릴 수 있는 건 이 사람들뿐이다. 「톱 오브 더 팝스」 40위 차트의 끝자락에 걸리면 라디오 1에서 신곡으로 전파를 타고, 이는 곧 전국적으로 알려지게 된다는 뜻이다. 바로 그곳이 모든 사람이 알아보는 히트곡의 영역이다. 그 모든 게 축축한 금요일 오후 돈캐스터(Doncaster)에서 한 번 더 굽실거린 덕분이다.

이 사람들이라고 음악에는 별로 관심이 없는 건 아니다. 이들도 음악을 좋아한다. 차 안에서는 계속 음악을 듣는다. 단지 음반을 영업하고 있을 때만큼은 그게 글렌 메데이로스(Glen Medeiros)든 퍼블릭 에너미(Public Enemy)든 필즈 오브 더 네필림(Fields of the Nephilim)이든 사브리나(Sabrina)든, 이들은 PR들처럼 허세를 부리지 않고 퍼블리시스트처럼 무책임하지도 않다. 최종적으로 분석해보면 결국 답은 사람이다.

이들이 물어다 주는 콩고물이 없다면 레코드 숍이
뭘 하겠다고 컴퓨터에 카탈로그 넘버를 찍어 넣으며
시간을 낭비하겠나? 이 숫자들이 입력되지 않는다면
차트는 존재할 수 없다.

　절대로.

　이 모든 퍼레이드 자체가 존재하지 않는다.

　이제 그림이 좀 그려지는가?

　보너스냐 아니냐, 그것만이 문제다.

발매일 초읽기

발매일이 다가온다. 클럽에서는 당신 곡이 나온다. PR은 이미 라디오 1에 다니는 절친과 미팅을 했다. 퍼블리시스트는 사진과 아티스트 소개 글이 필요하다고 당신을 쪼아댄다. 당신은 아무래도 비디오가 있어야겠다고 생각한다.

발매일보다 더 무겁게 다가오는 건 수많은 청구서의 지불 기한이다. 마지막으로 계산했을 때는 1만 2,000파운드에 달했다. 어떻게든 2만 파운드를 손에 쥐어야 한다. 최대한 빨리. 실업급여 신세의 빈털터리가 그만한 돈이 있을 리 없고 엄마한테 5파운드쯤 빌린다고 뭐가 달라지지도 않는다. 실업자 창업 지원금(Enterprise Allowance Scheme)을 받아볼까? 왜 진즉 이 생각을 못 했지? 아무리 그래도 그렇게까지 멍청하지는 않기 때문이다.

정신 똑바로 붙들어야 한다.

★ 변호사에게 연락해 본다. 회계사에게도. 발매일이 코앞까지 다가왔다.

잠자리가 불규칙해진다.

평소 마리화나를 피운다면 이젠 아침을 먹기

전부터 말고 있을 것이다. 커버 디자인이 개판이라며 신경쇠약이 거의 폭발할 지경이다. "이렇게 생겨 먹은 음반을 누가 사고 싶겠어!" 그리곤 마음속에서 찡얼대는 소리가 들려온다.

"다들 비웃기나 하고 대충 처박아둘 거야."

또한 "이 세상에 이런 음반은 필요 없어."라고도.
　　우리도 답을 줄 수는 없다.

"음반이 필요하긴 할까?"

여기에도 답은 없다.

"완전 개판이야. 다시 믹싱해야 돼. 지금이라도
　　이미 찍은 건 전부 폐기하고 다시 할까?"

PR은 비디오를 내놓으라고 고함을 지른다.

"엄마 뱃속으로 돌아갈래!"

3. 2. 1. 안돼! 때가 됐다. 0!
　　월요일 아침. 10시 30분. 여전히 이불 속이다.

당신 음반이 입고된 레코드 숍이 전국에서 문을
열었다. 실제로 가게에 가서 그 음반을 사는 사람이
있긴 할까?

"뭐하러 그러겠어?"

라디오 1을 틀어둔다. 가슴이 터지려 한다.
나오고 있다. 사이먼 베이츠(Simon Bates)[180]가
당신 음반을 튼다!

"세상에! 세상에! 왜? 왜지? 왜?" 당신 머릿속의
목소리가 비명을 지른다.

순간적으로 개떡같이 들리지만 잠시 듣고
있자니 역시 멋지다.

몸이 떨린다. 전화벨이 울린다. 당신은 침대보
아래로 숨는다. 전화벨이 멈춘다.

음악이 페이드 아웃될 때 사이먼 베이츠가
말한다. "이건 정말이지..."

뭐라고 하려는 거지?

노래가 좋단다. 차트에 어울리는 곡이라며,
시청자 수백만 명에게 이 노래를 다시 듣게 될
거라고 한다. 전화벨이 울린다. PR이다. 방송

---

180. BBC 라디오 1의 유명 DJ. 음악 팬이 늙어가는 전형적인 공식에 따른
건지 베이츠도 후일 클래식 방송 진행을 맡기도 했다. BBC 라디오의 전성기를
대표하는 목소리 중 한 명. 당신 곡을 소개하는 역할을 맡아줄 가능성은
아쉽게도 낮겠지만.

들었냐며, 너무 좋다고 한다. 오늘 오후 게리
데이비스 쇼(Gary Davis Show)」[181]에도 선곡됐다고
한다. 주말 내내 알려주려고 했던 건데, 당신 음반이
'C 리스트'에 올라갔다고 한다.

181. 1980년대 말 BBC 라디오 1의 낮시간 음악 방송. 당시 최고의 인기 방송
중 하나로 꼽히기도 했는데, 특히 30대 초반의 미혼남 진행자 게리 데이비스가
여성 팬들에게 가공할 만한 인기를 누리기도 했다. 데이비스 역시도 몇 번이나
「톱 오브 더 팝스」의 진행을 맡았다.

플레이 리스트

라디오 1은 플레이 리스트 시스템으로 굴러간다.
월요일에 모든 PD가 모여 새로 나온 음반을
들어보고, 플레이 리스트에 어떤 음반을 올리고 뺄지
토의하는 것이다. 플레이 리스트는 A, B, C로 나뉜다.
A 리스트 음반은 낮의 어떤 방송에서든 틀어도
되는 음반인데, 한 곡이 주 20회 이상 전파를 타는
경우는 사실 많지 않다. B 리스트 음반은 PD들에게
선곡하도록 추천되는 음반들로, 매주 최대 14회까지
트니 사실 A 리스트 음반들의 상당수보다 더 많이
방송된다. C 리스트 음반은 선곡해도 되는 음반으로,
PD나 DJ 개인의 재량에 달렸다.

　　물론 라디오 1에는 언제나처럼 골든 올드 팝
쿼터가 있고, 앨범 수록곡을 트는 시간이나 신청곡
슬롯도 있어서 음악 트는 시간의 상당한 분량을
차지한다. 당신 음반이 A 리스트로 직행하지는
않았다는 사실에 너무 아쉬워할 필요는 없다. 우리
음반은 A 리스트에서 겨우 한 주 버텼다. 차트
1위를 차지한 바로 그 주였다. 22위로 차트에 처음
진입했을 때 우리는 C 리스트에조차 없었다. 때로는
발매되고서 A 리스트로 직행한 뒤 죽도록 전파는
타지만, 차트와는 영영 인연이 없는 음반도 있다.

히트곡 대부분은 최소한 발매 1주일 전부터 라디오 방송과 플레이 리스트 물밑에서 움직인다. 하지만 당신은 네임드 아티스트도 아니고 메이저 음반사(또는 괜찮은 음반을 발매한 소수의 인디)도 아니기 때문에 라디오 1의 높으신 분들은 당신 음반을 진지하게 받아들이지 않는다. 심지어 은근히 마음에 들지라도 말이다.

다시 전화벨이 울린다. 친구 또는 엄마(또는 사촌)가 노래 들었다며 전화하는 것이다.

일단 옷을 입긴 하지만 아무 생각도 들지 않는다.

냉장고에 우유가 없다.

향후 며칠 동안 당신은 겁이 나서 누구에게도 전화를 못 할 테고, 남들도 별로 전화하지 않을 것이다. 수요일쯤이면 슬슬 동네 신문 가판대에 가서 혹시 음악 잡지가 새로 나왔는지, 개중 혹시 어디선가 당신 음반을 리뷰했는지 보고 싶어질 것이다.

아마 잡지 한 곳에만 리뷰가 실렸을 테고, 그나마 지면 3분의 2 위치에서 다른 음반 세 장과 함께 뭉뚱그려 두어 줄 평한 정도일 것이다. 긍정적일 건 별로 없는, 그래도 너무 부정적이진 않은, 그저 흔한 요즘 음반이며 이런 유행이

어디까지 갈까 따위의 소리다. 이런 변변찮은 말에서
어떤 의미라도 찾아내려고 노력할 것 없다. 리뷰어는
원고를 쓰고 몇 초 뒤면 자기가 무슨 소리를
했는지도 잊었을 것이다. 반면 당신은 이 말을 평생
머릿속에 담아두고 살게 된다. 그걸로 고통받지
마라.

수요일. 늦은 오후. 영업 대행사에 전화한다.
이쯤이면 그쪽에서는 일이 어떻게 돼가는지
파악하고 있을 것이다. 잘 되고 있다. 서서히
날아오르는 중이다. 그들은 당신에게 라디오에서
노래가 좀 나오는지, 비디오는 아직인지 물을
것이다. 배급사에 전화한다. 주문이 들어오기
시작한다.

"조짐이 아주 좋아요. 크게 될 거야!" 그들이
지난주에 한 말이고, 지지난 주에도 한 말이며,
이번에도 하는 말이다.

PR 사무실에 전화를 한다. 그는 자리에
없겠지만 조수가 받을 테고 지금까지 이번 주에만
벌써 다섯 번이나 선곡표에 올랐다고 전할 것이다.
금요일 「싱글드 아웃(Singled Out)」에도 나간다고
한다. 이번 주가 끝날 때까지 적어도 열 번에서 열두
번은 전파를 탈 것으로 예상한단다. "이거 크게
되겠어요!" PR은 오후 중으로 전화하겠다고 할

것이다. 그리고 실제로 그럴 것이다.

"비디오가 필요해요. 보세요, 이 노래는 분명히
떠요. 비디오가 없으면 운이 좋아 봐야 28위
정도 찍고 끝난다고요. 「톱 오브 더 팝스」에서
퍼포먼스를 어떻게 할지 생각해두셨어요? 지금
돌아가는 걸 보면 일요일에는 분명 40위권에[182]
진입할 겁니다. 금요일 예상치 확인하는
대로 그날로 「톱 오브 더 팝스」 PD를 만나
아티스트를 소개해야 돼요. 그때 비디오도 있고,
음악인 협회(Musician's Union) 심의[183]도
통과했다고 해야 한다고요."

그는 계속 이야기할 것이다. 당신은 솔직하게
털어놔야 한다. 둘도 없이 멋진 뮤직비디오
아이디어가 있는데 돈이 없다고, 전혀 없다고

---

182. 차트에 기반을 둔 방송 대부분이 '톱 40'을 다루기 때문에 40위권에 들면
섭외 대상에 해당되므로 PD를 설득해야 한다는 의미다.
183. 한국에서는 영상물 등급위원회('영등위')가 뮤직비디오 심사를 담당한다.
흔히 일주일 정도 걸린다. 갖춰야 할 서류가 좀 있으니 웹사이트에서 미리
확인할 것. 각 방송국 심의로 대체할 수도 있다. 자율 심의제로 바꿔야 한다는
의견이 꾸준히 제기되는데, 이 경우 자체적으로 등급을 분류해 영상을 공개한
뒤 분류가 부적절할 경우에만 다시 분류한다. 하지만 실제로 언제 바뀔지는
알 수 없는 노릇이다.

말이다. 뮤직비디오는 허공에서 거저 솟아나는 게
아니다.

그는 이 이야기를 달가워하지 않을 것이다.
당신은 이미 그에게 지난주 월요일에 지불해야 했을
1,000파운드를 빚진 상태니까. 그는 배급사에 혹시
선금을 요청해봤느냐고 물을 것이다. 아니라고 하면,
해보라고 할 것이다. 음반이 이미 터지려고 부글대고
있기 때문에 어떻게든 내줄 거라고 말이다.

배급사에는 직원들이 칼퇴하기 전에 전화하자.
라디오 방송 상황이나 영업 팀 반응은 이미 알고
있을 것이다. 그러니 바로 질러간다. 제대로
흥행하려면 돈이 필요하다고.

"얼마나요?"
"2만 파운드요."

그들은 상황을 잘 알겠다며 내일 아침에 다시
전화하라고 할 것이다. 다음 날 아침 10시가
지나자마자 전화를 건다. (참고로 요율이 높은
시간대에 당신 돈으로 거는 장거리 전화는 이 책
전체에서 [아마도] 이번이 유일하다.) 그들은 돈을
주겠다고 한다.

은행에 전화를 건다. 지금 상황을 설명한다.

200파운드를 바로 인출하고 싶다고 한다. 알겠다고 할 것이다. 은행에 가서 현금을 찾는다. 이 돈을 당장 쓸 곳은 전혀 없지만, 2만 파운드 수표를 받으면 그중 일부라도 일단 주머니에 챙겨 기분을 내고 싶을 것이다. 최대한 빨리 런던으로 향한다. 오후 3시 30분이 되기 전에 은행에 수표를 가져가야 한다. 여유 시간이 있다면 혼자 카페에 가서 커피를 마시며 수표에 적힌 0을 세본다.

은행에 들른 뒤 PR에게 돌아가서 비디오 이야기를 한다. 이미 늦었을 수도 있다. 늦어도 일주일 전에는 비디오가 완성돼 있어야 했다.[184] 이제부터라도 목요일까지는 모든 걸 마쳐야 한다. 촬영, 편집, 더빙, 음악인 협회 심의까지 모든 걸 마치고 방송에 내보낼 수 있어야 한다.

회계사에게 전화한다. 돈에 관해 이야기한다. 수표를 발행해 아직 처리 못 한 청구서를 해결한다.

---

184. 2019년 한국에서는 음원이나 음반의 발매와 동시에 뮤직비디오를 공개하는 게 일반적이다. 경우에 따라서는 유튜브 조회수를 먼저 올린 뒤 음반을 공개하는 전략을 시도하기도 한다. 어쨌든 뮤직비디오는 발매일보다 이르면 일렀지 늦게 나오지 않는다. 오히려 뮤직비디오 제작 과정 막판에 문제가 생겨 발매일을 연기하는 일마저 있다. 발매일보다 늦게 공개되는 뮤직비디오는 대체로 '안무 영상' 등 부차적인 영상이거나 인터넷 미디어 채널에서 기획한 라이브 영상인 경우다. 단, 케이팝 산업은 워낙 빠르게 변하므로 당신 곡을 발표하는 시점에 남들이 어떻게 하는지 살펴보는 게 좋다.

이제는 다시 자유의 몸이 된 기분일 것이다.

이쯤에서 잠시 쉬자. 우리는 뮤직비디오를 싫어하기 때문이다. 이건 매체로 보면 완전히 쓰레기다. 음악가의 통제를 거의 완벽하게 벗어나는 데다가 돈도 엄청나게 든다. 비디오 프로덕션은 절대 만나고 싶지 않은 사람으로 가득하다. 거머리들이다. 이들은 몇천 파운드쯤 쓸 법한 사람이라면 누구에게든 환심을 사려는 생각뿐이다.

뮤직비디오는 우리 시대의 질병이다. 예술인 척하는 광고다. 게다가 예술가인 척하는 양아치들이 만든다. 물론 키치 취향을 가진 다음 세기 사람들은 너무나 좋아하고, 사회사학자들은 열심히 분석해댈 것이다. 멋대로 설쳐대라고 해라.

그 외에 일러둘 점은 뮤직비디오에 1만 파운드(부가가치세 포함) 이상은 들이지 마라. 장르 영화를 모방하려는 얼간이 짓은 하지 마라.

뮤직비디오에 관해서도 우리는 운이 좋았다. 친구가 분에 넘치는 감독을 소개해준 것이다. 평범한 뮤직비디오 감독이 아니었다. 무척 즐거운 촬영이었다. 그렇게 보이지는 않지만 8,000파운드 넘게 들었고, 그 대부분은 항공 샷을 찍기 위한 헬리콥터를 빌리는 데 들어갔다.

이 문제에 관해서는 PR의 말을 들어라. 그의

사무실이 모든 업무를 모아 지휘하는 본부가 되도록
해라. 이런저런 결정을 내리고 해치워라. 누가
알겠나? 심지어 즐거운 일이 될지도.

다음.

이젠 무슨 짓을 벌일까? 「톱 오브 더
팝스」에서는 무슨 일이 일어날까? 『뉴스비트』에는
무슨 말을 할까? 『스매시 히츠』에는 어떤 사진을
보낼까?

뮤직비디오와 마찬가지로 너무 늦게까지 미뤄온
일이지만 어쩔 수 없다. 이제야 겨우 돈이 들어왔기
때문이다.

이 단계에서 우리는 상당히 오버했고, 남겨뒀다
다른 데 쓰면 좋았을 돈을 잔뜩 써버렸다. 매일 날이
밝을 때마다 극단적으로 다른 콘셉트를 선보였고,
매번 이전보다 복잡해졌으며 매번 혼란만 가중했다.
우리는 우리가 영민하다고 생각했다. 그야말로
머저리 짓이었다.

사후적으로 돌이켜볼 때 분명한 사실은
"자동차가 음반을 만들었어요."[185] 같은 콘셉트
없이 갈색 재생지로 포장해 팔았어도 우리 음반은

---

185. 타임로드의 「닥터린 더 타디스」의 커버에는 이런 문구가 인쇄돼 있다.
"안녕하신가? 나는 포드 타임로드(Ford Timelord)다. 자동차인 이 몸이 이
음반을 만들었다."

1위에 올랐을 거란 점이다. 그 음반은 우리를
넘어선 존재였다. 그저 자신의 길을 간 것이다.
우리는? 우리는 그걸 따라잡으려 애썼을 뿐이다.
우리의 정신 나간 방백과 형이상학적인 욕지거리가
솟구쳐 정상에 오른 거라고 사람들이 생각해주기를
바라면서.

　　"자동차가 음반을 만들었어요."라는 건 막판에
급히 결정됐는데, 그전에 어떤 아이디어가 있었고
어떻게 떠올렸는지 일일이 이야기하지는 않겠다.
자동차 역할은 우리 엔지니어[186]가 맡았다. 그에게는
'포드 타임로드(Ford Timelord)'[187]라는 세례명이
붙었다. 물론 티미 타임로드(Timmy Timelord)나
타이런 타임로드(Tyron Timelord)가 될 수도
있었다. 그는 우리 대신 인터뷰도 하고, 자기 자신의
캐릭터를 확장해 팀의 마스코트가 됐다. 덕분에
우리는 뒤에서 팔짱 끼고 지켜보며 심사숙고할 수
있었다. 「톱 오브 더 팝스」 공연이 다가왔을 때는
무대에서 시청자의 혼을 쏙 빼놓을 시나리오가
산더미처럼 쌓여 있었다. 자동차를 프런트맨으로

---

186. 「24트랙 스튜디오에서 닷새를」에서 소개한 이언 리처드슨을 가리킨다.
187. 크레디트에는 퍼포머 중 한 사람으로 포드 타임로드가 기재돼 있다.
이름의 '포드'는 타임로드의 음반 커버에 등장하는 제임스 코티 소유의
1968년형 포드 갤럭시에서 비롯했다.

세운다는 아이디어를 처음 떠올렸을 때는「톱 오브 더 팝스」무대에 자동차만 한 대 올려둔 채 우리 음악만 나오고 아무 일도 일어나지 않는 무대를 연출하려 했다. 꽤 앤디 워홀(Andy Warhol)풍으로 말이다. 누군가가 그건 지루하다고 했다. 그래서 안무가와 여성 댄서 네 명을 구해 한 달 동안 비용을 지불했다. 2,500파운드가 들었다. 우린 이들을 '에스코트(The Escorts)'로 불렀다. 이들의 의상 때문에 스타일리스트도 필요했다. 여기에는 1,000파운드가 들었다. 함께 포토 세션도 가졌다. 또 1,000파운드가 들었다.

에스코트는 팬스 피플(Pans People)[188]의 재림 같았다. 포드 타임로드가 느긋하고 쿨하게, 대체로 움직임이 없이 공연할 때 주위에서 춤을 추는 역할이었다. 손쉽게 즐거운 분위기를 연출하고 유쾌한 섹시함을 더했다. 심각한 척하지만 누가 봐도 장난스러운 분위기. 딱『선데이 스포츠』수준.

진짜 좋았다.

그런데「톱 오브 더 팝스」측에서는 이렇게 말했다. "안 됩니다. 댄서가 필요하면 저희가 제공할 겁니다."

188. 1970년대까지 활동한 여성 댄서 그룹으로,「톱 오브 더 팝스」의 무용수로 활발하게 출연한 바 있다.

이때쯤 우리의 음반과 활동 방식 전반에 대해 어떤 저항이 있음을 깨달았다. 타블로이드 신문, 라디오, 예능 TV까지 모두 낌새를 챘다. 우리가 깽판을 치면서 그들의 매체에 무임승차하려 한다고들 생각한 것이다. 우리가 그들의 규칙을 따르지 않고 게임을 벌인다는 것이다.

우리는 필요하다는 건 다 해주고 있다고 생각했다. 무의미하고 가벼운, 약간의 안전책만 갖춘 채 시시하게 줘버리는 섹스처럼.

『선(The Sun)』과 『미러(The Mirror)』에서는 이를 특히 못마땅해했다. 자동차와 인터뷰를 하란다고 해줄 줄 알았다면 자기를 기자로서 모욕한 거라며 그따위 인터뷰를 했다가는 독자들의 신뢰를 저버리게 될 테고, 그러면 앞으로 '바나나라마 멤버, 스팅과 결별'이나 '섹시 여신 샤데이(Sade), 화끈남 매드클리프(Madcliff)와 비밀 만남' 같은 기사를 써도 진정성을 의심받게 될 거라고 했다. 그래서 음반 뒤에 있는 사람들, 즉 우리를 찾아내 폭로하려 했다. 우리는 현실의 이야기를 대체 누가 읽을까 싶었다. '빌 드러먼드(Bill Drummond), 알고 보니 중년 로커' 같은 것 말이다.

우리는 그들이 사랑스러운 에스코트에 둘러싸인 포드 타임로드의 길고 어둡고 매끈한 몸매를 중앙

양면 화보로 싣고 싶어 하리라 생각했다. 그렇지
않았다. 오히려 질색했다.

우리 같은 실수를 범하지 마라. 돈은 아낄수록
좋다.

사람 일은 마음대로 돌아가지 않게 마련이다.
그러니 당신이 우리의 실수에서 교훈을 얻는데 봐야
당신도 자신만의 실수를 잔뜩 하게 될 것이다.

그래도 늘 긍정적인 시각을 잃지 마라. 언제나
위험을 무릅써라.

원래 우리는 진짜 달렉(Dalek)[189]을
프런트맨으로 세우고 싶었다. 하지만 허가를
받아낼 수 없었다. 그 뒤에 자동차 콘셉트
아이디어가 떠올랐다. 다음으로는 그 자동차를
스톤헨지(Stonehenge)에 때려 박거나 가로석 없이
세로석만 둘 있는 자리에 헬리콥터로 자동차를
올려놓고 싶었다. 아니면 실버리 힐(Silbury Hill)[190]
꼭대기에 구멍을 판 뒤 자동차를 앞코부터 집어넣어
1.2미터 정도 땅속에 파묻고는 뒷부분을 띄워서
방금 우주에서 도착한 것처럼 꾸미고도 싶었다.

---

189. 영국의 드라마 시리즈 『닥터 후(Doctor Who)』에 등장하는 외계인 종족.
기계 팔을 뻣뻣하게 뻗은 깡통 같은 모습이다.
190. 잉글랜드 남부에 있는 인공 언덕. 스톤헨지와 함께 미스터리의 고향
역할을 하는 선사시대 고분이다.

우리 멤버 한 명은 1988년 초 하원 의사당에
밧줄을 타고 뛰쳐들어간 레즈비언 중 아는 사람이
있었다. 실베리 힐은 그들에게 일종의 특별한
장소이니 구멍을 파지는 말라고 하더라. 이
무정부주의 레즈비언 집단 말로는 차라리 하룻밤
스톤헨지에 잠입해 돌을 전부 흑백으로 칠하고,
개중 몇 개는 쓰러뜨려서 진화의 의미를 세상에
전하겠다면 도와줄 수 있다고 했다. 그들은 뭔가에
분노해 있었지만 우리는 그렇지 않았고, 결국 그들은
10시 뉴스에 쳐들어갔다. 우리는 남성이다 보니
뒤로 빠져 정통 『블루 피터(Blue Peter)』[191] 풍으로
달렉이나 만들었다. 우리가 만든 달렉이 원본과
워낙 닮지 않은 덕에 저작권 문제는 전혀 없었다.
감독을 맡은 빌 버트는 우리의 갖가지 치기와 경박한
상징주의에 대한 애정, 심각한 신비주의에 미국산
자동차까지 전부 때려 넣어주었고, 우리는 그렇게
뮤직비디오를 얻었다.

혼란스럽다.

이 모든 소리가, 차트의 정상으로 뛰어오르는
마지막 한걸음에 대한 우리의 지각 있어야 할
안내서와 대체 무슨 상관이란 말인가?

191. BBC에서 1958년부터 방영한 세계 최장수 어린이 방송.

전부.

당신은 도무지 주체할 수 없을 때 상황을 완전히 통제하는 기술을 터득해야만 하기 때문이다. 평생 그 어느 때보다 확실하게 키를 쥐고, 이 전차를 절벽 끝으로 오르도록 몰아야 한다. 심연이 당신을 부른다.

지푸라기를 움켜쥔다. 진흙으로 성을 쌓는다. 모래알의 거짓말에 넘어간다. 경치 좋은 길을 택한다. 시간에 맞춘다. 필요하다면 드러머를 두 명 기용한다. 양식지를 채운다. 그렇게 몇 초, 몇 분, 몇 시간, 며칠. 주간 집계와 금요일 예상 순위. 떨어지고, 돌리고, 돌고, 뛰어든다. 수표에 서명한다. 변호사가 『히츠』와 『나우』 컴필레이션 관련 협상을 벌인다. 밤에는 잔다. 흑이 백으로. 역대 최고 순위 진입. 선이 악으로. 빨리 감기. 「톱 오브 더 팝스」. 이 책을 다시 읽는다, 무슨 수를 써서든. 아니다, 그러지 마라. 당신이 알아야 할 건 이미 다 알고 있다. 더 빠르게. 더 빠르게. 더 빠르게. 모든 걸 던져라. 그저 모든 걸 던져라. 이게 아름다운 종말이다.

일요일. 저녁 7시 5분 전. 당신은 1위에 올랐다. 이건 영원하다. 이제 모든 건 당신 손을 떠났다. 당신의 몸은 예전과 똑같아 보일지 몰라도, 그 안의 모든 건 수백만 킬로미터 밖으로 멀어졌다. 일요일.

저녁 7시 20분. 록맨이 샴페인을 또 한 병 딴다.
킹보이는 석양 너머로 날아가는 물새 떼를 바라본다.
 각자 필요한 걸 하는 것이다. 초록 문 뒤에는
낡은 피아노밖에 없었다.[192] 그럼 왜? 당신은 무엇을
배웠나? 1위 히트곡을 거머쥘 수만 있다면 무엇이든
할 수 있다. 다음 계약을 잊지 마라.

192. 짐 로우(Jim Lowe)의 1956년 히트곡 「초록 문(Green Door)」을 차용한
것. 노래는 초록 문 바깥에 있는 화자를 그린다. 초록 문 너머에서 사람들이
낡은 피아노를 치며 웃고 즐기는 동안 화자는 그곳에 무엇이 있는지, 자신도
들어가 함께 행복할 수는 없는지 고뇌한다.

덧붙이는 글

오탈자를 확인하고 빠진 문장부호가 있는지
점검해볼 요량으로 두어 명에게 우리 글을 쭉
읽혀봤다. 그들은 우리의 마무리를 마음에 들어
하지 않았다. 그들이, 또는 당신이 뭘 기대했는지는
모르겠다. 우리가 뭘 기대했는지는 분명 알 수
없었다. 형이상학적 농담을 해보려는 거였을지도.
"아무것도 기대하지 말고, 모든 걸 받아들여." 같은
것 말이다.

"이거 뜬구름만 잡고 결론이 없잖아! 핵심도
없고! BBC 보안을 뚫고 「톱 오브 더 팝스」에
사람들을 들여보내는 방법이나 게리 글리터[193]에
관한 이야기도 안 했잖아! 우리는 그 사람에 관해
알고 싶다고!" 그들은 말했다. 솔직히 말하면 (또는
솔직하려고 노력이라도 하자면) 우리가 이 책을 쓴
건 우리가 겪은 모든 일을 우리 스스로 이해해보고,
의미를 찾아보고, 꼬인 실타래 같은 혼돈을
풀어보려는 의도였다. 온갖 거짓말과 논리, 교훈과
미신, 그리고 '예'와 '아니요'의 틈새에서 말이다.

---

193. 지은이들이 하지 못한 게리 글리터에 관한 이야기를 대신하면, 이 책이
출간되고 10년이 지나 그는 아동 포르노 다운로드와 아동 성폭행 등으로 연거푸
기소됐다.

경험론? 그딴 건 잊어라.

저절로 해결되는 문제는 없다. 이쯤이면 당신도 알아야 한다. 우리도 이야기를 끊을 시점을 골랐을 뿐이다. 우리가 한 주라도 더 1위 자리에서 버티려고 어떻게 노력하고 실패했는지, 우리가 1위에 오른 주에 「톱 오브 더 팝스」 측에서 게리 글리터와 함께 출연하지 못하게 한 이야기 같은 걸 들려줘봐야 아무 의미가 없다. 우리의 1위 히트곡을 모리세이의 「매일이 일요일 같아(Everyday Is Like Sunday)」와 맞바꾸고 싶지만 갤럽에서 받아주지 않을 거란 이야기도 마찬가지다. 10대 팝의 가장 가슴 저린 순간을 인용하면, 섀도 모튼(Shadow Morton)이 작곡하고 프로듀싱한 샹그리 라스(Shangri Las)의 「과거 현재 미래(Past Present and Future)」의 마지막 라인이다. "그 일은 다시 일어나지 않을 거야.(It will never happen again.)" 우리에게 경험론이랄 게 있다면 바로 이 가사다. 두 번이나 날로 우려먹을 수는 없다.

우리가 제공할 수 있는 유용한 도움말은 제법 더 있을 것이다. 그래도 그건 당신 스스로 얻어내야 한다. 다 뻔한 것들이다. 공공의 적을 자처하는 퍼블릭 에너미가 『하이프를 믿지 마라(Don't Believe The Hype)』라는 음반을 낸다. 영국의 한

백인 록 저널리스트 말로는 그들이 세계 최고의 록
밴드라고 한다. 어떤 사내가 퍼블릭 에너미 봄버
재킷과 데프잼(Def Jam)[194] 야구 모자를 쓰고 TV에
나온다. 20파운드쯤 들었겠지. 이런 아이러니를
어디까지 지켜보면서 익사할 듯한 기분을 느껴야
할까? 차를 마실 시간이다. 우리는 할 만큼 했다.
문이 어디 있는지 말해달라. 흰 방(The White
Room)[195]이 우리를 부른다.

경험을 담아,
저스티파이드 앤션트 오브 무무

추신. 행운을 빈다.

---

194. 1984년 설립된 미국의 레이블. 원래 하드코어 펑크 신에 있던
프로듀서 릭 루빈(Rick Rubin)이 힙합에 눈을 뜨면서 경영자 러셀
시몬스(Russell Simmons)를 만나 탄생했다. 비스티 보이즈(Beastie
Boys)에게 펑크를 때려치우고 랩을 하도록 하거나 런 DMC(Run DMC)와
에어로스미스(Aerosmith)의 협연 등 록과 힙합을 종횡무진 오가며 센세이션과
히트를 이뤄냈다. 록을 숭상하고 '새 시대의 음악'으로서 힙합을 받아들인
한국의 1990년대 키드들에게는 그야말로 황홀한 이름이다.
195. KLF가 작업한 로드 무비의 제목이자 그 사운드트랙 앨범의 제목. 「닥터린
더 타디스」의 뮤직비디오를 담당한 빌 버트가 감독했으나 재정상의 이유로
영화는 결국 취소됐다. 사운드트랙 또한 취소됐지만, 알려진 바로는 상당한
변형을 거쳐 1991년에 발매됐다.

옮긴이의 글

2019년 한국에서 1위 히트 가수가 되는 방법에는 몇 가지가 있다. 우선 아이돌이 되는 것이다. 성공적인 아이돌은 보통 10대 중후반에 기획사의 연습생이 된다. 길거리 캐스팅은 여전히 유효하지만, 유력 기획사의 캐스팅 담당자와 언젠가 우연히 마주치길 기다리며 로또 명당 스폿 같은 아이돌 캐스팅 명소를 어슬렁대는 건 진취적이고 자기 주도적인 이 책의 취지에 부합하지 않으니 기각한다. 기획사는 주기적으로 오디션을 통해 연습생을 선발한다. 대입을 위한 준비 연령이 유치원 이전까지 낮아진 것처럼 아이돌 연습생 고시도 이르면 10살 이전부터 실용음악 학원에 다니는 것으로 시작한다. 그러니 당신이 10대 후반을 넘어섰다면 어쩔 수 없다. 당신은 1위 히트곡 제조에 실패했다.

크게 아쉬워할 필요는 없다. 아이돌 시장이 과밀해지면서 2010년대 중반부터는 대형 기획사 아이돌이라도 데뷔곡으로 1위를 거머쥐지 못하는 경우가 드물지 않다. 몇 년에 걸쳐 팬덤을 일구며 꾸준히 성장해 지상파 음악 방송의 감격스러운 1위를 차지하고 눈물을 훔치며 안무를 소화하는 건 단 한 번의 반짝 히트곡을 내는 이 책의 대의에

어차피 어긋난다. 더구나 한국 음악 시장에서
아이돌의 점유율은 생각보다 크지 않다. 예컨대
2018년 멜론(Melon) 연간 차트 50위 안에
히트곡을 올린 아이돌은 17팀에 불과하다. 당신은
인디 음반을 만들어야 한다.

　　잠깐, 왜 바로 인디인가? 세상에 아이돌과 인디
말고는 아무것도 없단 말인가? 사람이 왜 그렇게
흑백논리인가? 물론 이유가 있다. 한국의 주류
대중음악 시장을 아이돌과 일반 주류 가요, 인디로
나눠서 바라보면 주류 가요는 '아이돌화'하는 추세를
보인다. 아이돌이란 아티스트를 제작하고 대중과
접점을 마련하는 방법론이라서, 어떤 장르라도
대중이 '아이돌적'인 아티스트를 위화감 없이
받아들일 수만 있다면 적용할 수 있다. 지드래곤
이후 힙합과 아이돌의 접점을 의심하면 단순히
촌스러운 사람이 될 뿐이다. 발라드 보컬 그룹도
아이돌의 형태로 기획된다. 아이돌 기획사는 록
밴드도 성공적으로 제작한다. 볼빨간 사춘기가
싱어송라이터와 '아이돌 맛'을 동시에 즐기게
해줬다면 아예 포크 성향의 아이돌도 나오고 있다.
트로트와 아이돌의 크로스오버는 매우 흔하다.
CCM 기획사가 민망한 섹시 걸그룹을 기획하는
일도 있고, 아이돌 출신이 CCM 가수가 되기도 한다.

일본에서는 도쿄 돔을 채우던 아이돌이 재즈 앨범을
내기도 했다. 2019년까지 아이돌화가 본격적으로
이뤄지지 않은 음악으로는 앰비언트, 즉흥 음악,
국악, 포스트 록, 블루스, 컨트리, 헤어 메탈 정도가
있는데 어차피 이들 중 '주류 가요'라 할 만한 것은
없다. 그러니 우리는 아이돌과 인디라는 이분법으로
사고하는 게 좋다.

　　예외가 있다면 힙합이다. 힙합은 특히 2010년대
한국에서 장르 음악으로서의 성격을 유지한 채 '청년
문화'로 자리 잡으며 주류 시장에서도 호응을 얻어낸
거의 유일한 분야다. 그런데 힙합은 레이블과 크루를
중심으로 하는 제 나름의 언더그라운드를 구성하고
있어서 신인이 빠르게 단발성 히트곡을 내기란 쉽지
않다. 가능하다면 TV의 힙합 서바이벌 방송을 통해
스타가 되는 길인데「쇼 미 더 머니」가 7년의 세월을
거치며 닳고 닳아「고등 래퍼」로 세대교체 되었기
때문에 당신이 이미 스무 살이 됐다면 해당 사항이
없다.

　　인디 음악가로서 히트곡을 제조하는 길에는 이
책이 크게 도움이 될 것이다.「톱 오브 더 팝스」대신
SBS「인기 가요」와 멜론 월간 차트를 준비한다.
히트곡 컴필레이션 대신 멜론 연간 차트를 준비한다.
그리고 필요한 게 스마트폰이다. 유튜브 프리미엄에

첫 달 무료 등록한다. 이 책을 정독하며 차분히
따라가되 스튜디오 예약은 아직 하지 않는다.

본문에 등장하는 '프로그래머'는 이제 그 역할을
해줄 사람이 흔치 않다. 어쩔 수 없이 당신은 스스로
'아는 동생'을 찾아야 한다. 음원 서비스의 '최신
음반' 메뉴에 들어가 '모든 음반'을 클릭해보면
싱어송라이터가 정말 많다는 걸 절감할 것이다.
이들 중 상당수는 따로 보컬을 구하지 못해 자기가
노래도 부르기 때문에 싱어송라이터거나, 따로
작곡을 해줄 사람이 없어서 자기가 작곡도 하기
때문에 싱어송라이터다. 전국에는 4년제 대학교만
쳐도 40곳 이상의 실용음악과가 있고 실용음악
학원도 100곳 이상이다. 교육 과정을 밟지 않고
컴퓨터 음악의 길을 걷는 사람도 물론 많다. 오늘도
수많은 이들이 스타 뮤지션을 꿈꾸며 야금야금 음악
장비를 사 모으고 데모 곡을 만들다 싱어송라이터나
프로듀서라는 이름으로 한두 장의 디지털 싱글을
내보고는 어느덧 중고 장터에 장비를 처분하곤 한다.
그들 중 한 명을 잡아라. 편곡과 믹싱을 맡길 것이다.
편곡과 믹싱을 한 사람이 해결하면, 믹싱을 하다가
만족스러운 사운드가 나오지 않을 때는 편곡을
바꿔서라도 해결을 볼 수 있다는 장점이 있다.

대가 없이 열정만을 주입하며 노동력을

착취하는 건 정직하고 선한 창작이라는 이 책의 기본 이념에 맞지 않는다. 탕수육이나 양꼬치를 사줘라. 동생이 비건(vegan)일 경우 웬만한 비건식을 사주면 대접이 소홀하다고 느끼진 않을 것이다. 그리고 편곡을 맡아달라고 해라. 당장 큰돈을 줄 수는 없지만, 편곡에 이름을 올리고 저작권료 분배율에서 편곡을 높게 쳐주겠다고 해라. 영국 30년의 지혜가 담긴 히트곡 제조법을 알고 있으니 꼭 돈을 벌게 될 거라고 해라. 대신 믹싱비는 확실하게 지불하겠다고 해라. 이런 경우의 시세는 선명하게 잡혀 있지 않지만, '프로'로서 작업 경험이 아직 없는 동생이라면 믹싱비로 15만 원을 염두에 두자. 동생에게 이미 경험이 있다면 그때의 금액에 맞춰주겠다고 하되 동생이 받아본 최고액은 15만 원보다 낮을 가능성이 높으니 그럴 경우 음악 생태계의 미래를 위해 15만 원은 줘라.

　　이 책에서 소개하는 작곡법을 응용해 컴퓨터에서 곡을 스케치한다. 돈을 안 쓰는 방법과, 돈과 시간을 약간씩 쓰는 방법이 있다. 돈을 안 쓰려면 컴퓨터에 오대시티(Audacity)라는 무료 소프트웨어를 설치한다. 기초적인 사용법은 유튜브에서 검색한다. 매킨토시 사용자라면 개러지밴드(GarageBand)를 무료로 사용할 수 있는데, 이 경우는 다음의 방법과 사실 크게 다르지 않다.

돈과 시간을 약간씩 쓸 각오가 됐다면 우선 저렴한 USB MIDI 키보드를 구입한다. 10만 원대에서 시작한다. 키보드는 대개 25, 49, 61, 88개의 건반이 있는데, 건반이 많다고 비싸지는 건 아니다. 컨트롤러가 잔뜩 달려 반짝반짝 빛나는 제품들도 있는데, 숙련된 음악가가 라이브에서 사용할 때는 유용하지만 초심자가 집에서 작업하는 데는 필요 없다. 25에서 49건반 정도 범위에서 적당히 고르면 된다. 숙련된 키보드 연주자들은 49나 61건반을 편안하게 느끼며 88건반은 영혼을 담은 피아노 연주를 할 때 쓰는 것이므로 당신과 관계가 없다. 키보드를 사면 대개 홈 레코딩 소프트웨어(DAW)가 따라온다. 기능의 제약이 있는 버전이지만 지금의 당신에겐 충분하다. DAW를 설치하고 이름을 확인한 뒤, 유튜브에서 기초적인 사용법을 배운다.

사운드는 신경 쓰지 않는다. 사운드에 손을 대기 시작하면 어마어마한 시간이 소모되기에 십상이며 정작 곡을 완성할 수 없는 경우가 많다. 컴퓨터 음악으로 뭐라도 해내는 사람이라면 반드시 주위에 킥 사운드 하나만 6개월째 만지고 있는 친구가 있게

마련이다. 당신은 그 친구가 되지 마라. 멜로디가
떠오르면 컴퓨터의 내장 마이크에 대고 흥얼거려
일단 녹음해둔다. DAW를 사용한다면 내장된
오토튠을 이용해 음정을 보정한다. 영혼이라곤
없는 목소리처럼 될 것이다. 괜찮다. 스케치는 곡에
들어가는 요소들을 알아들을 수 있어야 한다. 느낌을
낸답시고 음정이 어긋나는 것보다는 곡의 멜로디를
정확히 알아들을 수 있도록 하는 게 중요하다.

　　이쯤에서 의문이 들 것이다. 음악을 배워야
한다니! 쉽게 히트곡을 제조하는 법을 알려줘야 하는
게 아닌가? 그렇다. 이 책의 부제는 '최대한 쉽게'다.
유감이지만 이 정도가 '최대한 쉽게'다. 책에서
예언했듯 홈 레코딩 기술은 비약적으로 발전해
대부분의 스튜디오 작업을 집에서 간단하게 해결할
수 있게 됐다. 아티스트는 작품에 대해 훨씬 큰
통제권을 갖게 됐다. 그건 공짜가 아니다. 웬만큼은
당신이 직접 해야 한다는 번거로움을 대가로
지불해야 한다. KLF 선배님들이 스튜디오에서
남에게 떠맡긴 작업을 아는 동생에게 전부 시키고서
저작권료의 달콤한 약속과 15만 원만 준다면 도의적
문제가 있다. 그렇다고 넉넉하게 찔러주자니 되도록
가진 것 없이 히트곡을 제조한다는 이 책의 취지에
어긋난다. 그러니 이 정도는 하자.

동생의 헌신적인 노력으로 편곡을 마치고 보컬 녹음만 스튜디오에서 한다. 동생의 피, 땀, 눈물을 모아 믹싱을 마친다. 마스터링은 온라인 서비스를 이용한다. 구글에 'free online mastering service' 를 검색해 적당한 사이트를 고른 뒤 파일을 업로드해 처리한다. 혹시 동생이 아는 마스터링 서비스를 추천해줄 수도 있다. 5~10만 원 정도의 유료 서비스인 경우도 있다. 물론 마스터링 스튜디오에 가져가는 방법도 있지만 최상급의 퀄리티를 내는 곳이 아니라면 웬만한 온라인 서비스가 더 잘해줄 가능성이 높다.

홍보 자료와 커버 아트를 준비한다. 유통사가 맡아주거나 사람을 소개해주지는 않으니 알아서 해결한다. 홍보 자료는 너무 심오한 이야기를 담지 않는다. 특히 어떤 단어를 던지고 사전의 뜻풀이를 인용하면서 시작하지 않는다. 너무 개인적인 편지나 졸업 앨범, 롤링 페이퍼처럼 쓰지도 않는다. 제3자의 입장에서 아티스트와 음반을 소개한다는 생각으로 적어나간다. 커버 아트는 당신이 미술 관련 전공자거나, 시각 작품을 통해 실제로 현금을 만져본 적이 없다면 절대 자신의 포토샵 실력으로 해결하려 해선 안 된다. 신보를 체크하는 평론가를 고통스럽게 할 것이다. 그의 글이 당신에게 의미는 없겠지만 인도적 차원에서 삼가자. 사람을 찾아서 부탁해라.

CD는 찍지 않는다. 국내의 음원 서비스는 개인과 계약하지 않으므로 디지털 음원 유통사에 음원을 가져간다. 유통사는 전체 수익금의 대략 10퍼센트 정도를 떼어가게 된다. 가슴 속에 억울함을 너무 키우지는 말자. 음원 서비스는 약 35퍼센트를 떼어가니까. 뮤직비디오는 반짝이는 아이디어만 있다면 스마트폰으로 쉽게 찍을 수 있다는 허황된 말에 속지 않는다. 역시 당신이 영상 관련 전공자거나, 영상 작업을 통해 실제로 현금을 만져본 적이 없다면 절대 프리미어 프로(Premiere Pro)를 불법 다운로드해 해결할 엄두를 내선 안 된다. 유튜브가 주된 음악 감상 플랫폼이 된 시대이므로 커버 아트에 음악만 얹거나 적당히 가사만 나오는 비디오라도 만들면 족하다. 그 정도라면 다양하게 출시된 모바일 앱으로도 커버할 수 있다.

음원 발매의 역사적 순간을 기다리며 멜론 차트를 들여다본다. 국내의 음원 서비스들은 사용자 개인의 취향보다는 차트를 중심으로 하고, 사실 대중의 대부분이 음악을 고르는 단 하나의 이유는 '팔리고 있어서'다. "음악... 좋아하세요?"라고 물으면 호쾌하게 웃으며 "네."라고 대답하는 사람들을

너무 믿어선 안 된다. 그러니 어떤 곡은 차트에
있기 때문에 차트에 머물고, 어떤 곡은 차트에 없기
때문에 차트에 못 드는 현상이 벌어진다. 당신의
곡은 후자다. 당신은 1위 히트곡 제조에 실패했다.

이 장벽을 뚫어낸 사례가 2010년대 후반에
등장했다. '페북 픽', '역주행'이라 불리는 일군의
음원들이다. 별다른 이름값도 없는 아티스트가
평범한 발라드를 발표했는데 뜬금없이 음원 차트의
1위를 차지한다. 소셜 마케팅이다. 소셜 마케팅은
대중에게 많이 노출해서 관심을 촉발하는 수단이
아니라, 대중을 향해 '이것이 지금 팔리고 있다'고
주장하는 것이다. 어디선가 퍼온 사진이나 동영상에
"사이다 썰", "역대급 반전", "핵인싸", "대박 주작
사건" 같은 제목을 붙여 쏟아내는 SNS 계정으로
구독자를 모으거나 그런 계정을 사들인다. 그리고
그곳에서 지금 이 노래가 역주행 중이라고 광고한다.
일종의 가짜 뉴스다. 다만 실제로 노래가 차트에
오르기 시작한다. 이런 일이 반복되다 보면 발매
전에 작성한 보도 자료에서 이미 "역주행"을
언급하는 음원도 등장한다. 많은 이들이 이 과정에
음원 사재기가 개입됐다고 의심한다. 확인되지
않은 건 어쩔 수 없다. 어찌 됐든 이건 당신의 길이
아니다. 연예계의 무자비한 탁류 속에 표류하지

않고 자신을 지켜내자는 이 책의 이상에 어긋나기
때문이다.

어차피 음원 서비스가 운영하는 음원 차트는
사재기하지 않는 자를 배려해본 적이 없다. 음원
서비스가 별다른 명목도 없이 다중 계정 개설을
허용하는 데도 이유가 있다. 차트 성적에 목매던
아이돌 팬들도 음원 차트로부터 등을 돌리기
시작했다. 인터넷상의 숫자는 누군가의 노력으로
조작될 수 있고, 대다수의 플랫폼은 조작을 위한
경쟁이 치열할수록 이득을 보므로 이를 막지 않는다.
훗날 대중음악사는 우리의 시대를 차트의 몰락으로
기록할 것이다. 당신이 1위 히트곡을 제조하는 데
실패하는 이유는 1위를 차지할 차트가 없기 때문이
될 것이다.

너무 속았다고 생각할 건 없다. 애초에 1위
히트곡을 내고 집필한 KLF 선배님과는 달리 이
책의 옮긴이는 1위를 해본 적 없는 사람이니 제시할
수 있는 비전에 한계가 있는 걸 어쩌겠는가. 그래도
당신은 한 가지를 얻었다. 당신의 정념(과 아는
동생의 원망)이 담긴 노래 한 곡이다. 설령 아무도 안
듣는다고 해도 당신에게서만큼은 지워지지 않는다.
'흑역사'든 자긍심이든 하나의 점이다. 거기서부터
다른 삶을 찾아 나서거나, 1위 히트곡이란 희망이

없는 음악가의 길을 무작정 더 걸어보면 된다.

마지막으로 부채질을 하자면, 인디 출신 밴드의 벚꽃 노래가 유행하고 「무한도전」이 '나만 알고 싶은 밴드'들을 줄줄이 길어 올리던 시절을 기억하라. 그리고 그때 인디 신에서 나온 한없이 따분하던 무수한 음반을 기억하라. 좋은 음악은 배고플 때 나오는 게 아니다. 희망이 없을 때 나온다. 이 책에서 말하는, 히트곡을 제조하기 위한 첫 번째 조건처럼.

히트 음반 디자인 체크리스트
이재민(그래픽 디자이너, 스튜디오 fnt)

이 책에서 KLF는 싱글 음반이 만들어지는 여러
과정과 면면을 다루며 디자인에 관한 언급도
빠뜨리지 않았다. 냉소적인 농담 같아 보이기도
하는 이들의 이야기를 과연 얼마나 믿을 수 있을지
궁금해 하며 음반의 성공과 그 디자인의 상관 관계를
검토해보기로 했다. 이 과정에서 음반 성공의 비결의
담긴 디자인 노하우에 대한 작은 단서라도 발견할 수
있다면, 종종 음반을 디자인하는 내게는 물론이고,
동료 디자이너들 및 향후에 작업을 의뢰할 음악가나
기획사 및 레이블에도 큰 도움이 되리라 생각했다.

　글을 쓰기 위해 먼저 로버트 디머리(Robert
Dimery)가 편찬한『죽기 전에 꼭 들어야 할 앨범
1,001장(1001 Albums You Must Hear Before
You Die)』을 구입했다. 죽기 전에 가봐야 할
여행지, 꼭 봐야 할 영화 등이 포진된 이 '죽기 전에'
시리즈는 평소라면 절대 구입할 일이 없는 물건의
대표격이지만, 한편으로 내용이 좀 궁금하기도
했기에 이번이 소장할 좋은 핑계이자 기회였다.
이 책은 뮤지션의 독자적인 창작으로 만들어낸
음악만을 다루기에 많은 재즈 음반과 대부분의 영화

사운드트랙 등이 제외됐다. 이런 사항을 포함해
이 책을 완벽한 자료라 평가하기 어려운 이유는
많겠지만, 또 한편 이만큼 넓고 방대한 다른 책이나
웹사이트를 찾아내는 것도 어려웠다. 평론가들이
1950년대부터 2010년대까지의 대중음악에서
가장 중요하고 영향력 있으며 훌륭하다고 인정한
음반을 두루 다뤘다니, 책에 수록된 음반의 디자인이
히트를 위한 충분조건은 아닐지라도, 성공을 위한
얼마간의 필요조건 정도는 도출해낼 수 있으리라
기대했다. 책은 1,001장의 음반을 소개하지만, 발매
국가나 버전에 따라 두 가지 이상의 아트워크를
가진 음반들도 있어 그 이상의 데이터를 기반으로
작성했기에 나는 '천여 장'이라는 표현을 사용했다.

* * *

KLF의 비꼬는 소리가 들리는 듯한 기분을 참아가며
본문에서 언급한 음반 커버 아트워크의 디자인
요소를 찾아 분류했다. 아주 우악스러우며 서로
대등한 위계도 아니지만 크게 사진, 그림, 그래픽
디자인으로 나눠볼 수 있었다. 다음은 그렇게 분류한
걸 또 다시 세분화한 리스트다.

사진 1: 인물

Bob Dylan, *Blonde on Blonde*
Tears for Fears, *Songs from the Big Chair*
Norah Jones, *Come Away with Me*

많은 음반의 커버는 사진을 바탕으로 디자인됐다.
천여 장 중에서 56퍼센트라는 압도적인 비율이
사람, 사물, 풍경, 동물 등의 사진을 전면에 내세웠다.
그중에서도 가장 많았던 건 인물(해당 음반의
뮤지션)로, 63퍼센트가 넘었다. 무심하게 촬영한
사진을 풀 블리드(full bleed)로 적용한 수많은
커버의 주인공은 뮤지션 개인인 경우도 있고, 밴드나
팀인 경우도 있었다. 보기에 꽤 멋진 것도 있었고,
조악해 보이는 것도 많았지만, 아무튼 여기에 별다른
콘셉트를 담지 않은 경우를 가장 먼저 추렸다.
담긴 음악과의 관련성도 그리 깊지 않으며, 대체로
평범하게 서 있거나 약간 어색한 포즈를 취한
것, 또는 얼굴을 클로즈업해 촬영한 게 해당한다.
힙합 음반의 경우 위에서 내려다보거나 아래에서
올려다보는 앵글을 취하기도 했다.

사진 2: (특정 콘셉트를 갖춘) 인물

The Beatles, *Abbey Road*
The Go-Go's, *Beauty and the Beat*
Elliott Smith, *Figure 8*

앞의 경우와 대체로 비슷하지만 특정 콘셉트를
취한 사진을 사용한 경우를 따로 모았다.
콘셉트라도 그리 거창한 것들은 아니다. 다만 이
경우의 사진들은 대체 불가능한 특정한 맥락을
지닌다. 예컨대 비틀스의 음반『애비 로드(Abbey
Road)』에 사용된 사진은 그곳의 그 횡단보도가
아닌 다른 곳이라면 성립할 수 없으며, 거기서 네
명이 나란히 횡단보도를 가로지른다는 특정한
정황이 담겨 있다. 디테일하게는 폴 매카트니(Paul
McCartney)만 맨발인 것 등 눈여겨볼만한 요소도
존재한다. 그래서 역으로 레드 핫 칠리 페퍼스(The
Red Hot Chili Peppers)의『애비 로드 E.P.(The
Abbey Road E.P.)』같은 수많은 패러디도
나올 수 있었다. 이후 음반이 녹음된 애비로드
스튜디오는 영국의 관광 명소로 유명해졌지만,

원래 이 음반의 제목은 '에베레스트(Everest)'가 될
뻔했고, 히말라야로 촬영을 떠날 생각도 했단다.
제목이 '에베레스트'인 음반은 떠오르지 않지만,
일본의 록 밴드 고다이고(ゴダイゴ)의 음반 중에
『카트만두(Kathmandu)』가 있다. 그 커버 사진을
생각하면 아찔해진다. 음반의 성공은 뮤지션의
감각과 실력, 프로덕션의 수준, 시대의 취향을
간파하는 통찰력, 그리고 행운 등 여러 요소가 모두
따라야 가능하겠지만, 만약의 그때를 대비해 좀 더
그럴듯한 사진을 사용하는 것도(부끄러운 사진은
피하는 것도) 좋겠다.

사진 3: 공연 또는 연주 장면

Sam Cooke, *Live at the Harlem Square Club*
Aretha Franklin, *Lady Soul*
Deep Purple, *Made in Japan*

앞의 두 분류 중 어디에 해당하는지 판단하기 애매한
경우도 많았다. 하지만 무대 위의 뮤지션을 촬영한
사진은 명확하다. 라이브 실황 음반이 아니더라도
무대에서의 사진이나 연주하는 모습을 부각한
사진을 사용한 경우는 꽤 많다. 인물 사진을 사용한
음반 중 11퍼센트가 조금 넘는다. 그러나 이런
공연 및 연주 사진은 1970년대 이후 출현 빈도가
급속도로 줄었다.

사진 4: 정경

Eagles, *Hotel California*
Bruce Springsteen, *Nebraska*
Neil Young, *On the Beach*

음악의 정서를 대변하고 특정한 정취를 자아내는,
약간 원경으로 촬영한 풍경 사진을 중심으로
구성한 커버도 있다. 음산한 분위기가 인상적인
블랙 사바스(Black Sabbath)의 데뷔 음반, 어둡고
묵직한 미감이 매력적인 브루스 스프링스틴(Bruce
Springsteen)의『네브래스카(Nebraska)』, 쿠바의
뜨거운 햇볕이 그려낸 강렬한 콘트라스트가
돋보이는『부에나 비스타 소셜 클럽(Buena Vista
Social Club)』등이 여기에 해당한다. 단, 기술적으로
잘 촬영된 사진은 많지 않다. 이런 정경 사진 중에
길거리를 배경으로한 게 압도적으로 많다는 점도
특징이다. 특히 많은 힙합 장르의 음반이 길거리를
배경으로 한다. 길거리 사진에 관해서는 뒤에서 좀
더 자세히 다루겠다.

사진 5: 분장, 연출, 왜곡, 합성

Pink Floyd, *The Piper at the Gates of Dawn*
Peter Gabriel, *Peter Gabriel*
Blur, *Blur*

기술 발전 때문인지는 모르겠지만, 1980년대
이후 좀 더 공들여 촬영하거나 촬영한 이미지를
가공해 만들어낸 이미지가 등장하기 시작한다.
뮤지션을 모델로 한 사진뿐 아니라 별도의 인물이나
사물을 촬영하거나 합성하기도 하는데, 핑크
플로이드(Pink Floyd)의 『위시 유 워 히어(Wish
You Were Here)』나 『더 파이퍼 앳 더 게이츠
오브 돈(The Piper at the Gates of Dawn)』이
좋은 보기다. 특히 핑크 플로이드의 음반을 비롯해
상상력 가득한 훌륭한 이미지를 영국의 디자인 그룹
힙노시스(Hipgnosis)가 많이 만들어낸 바 있다.

사진 6. 그런지(Grunge)

The Cure, *Seventeen Seconds*
My Bloody Valentine, *Loveless*
Method Man, *Tical*

매우 흔들렸거나 피사체를 식별할 수 없어 제3자의
입장에서는 의도를 파악할 수가 없는 사진으로
만들어진 커버도 더러 있다. 1990년대 이후의
얼터너티브 록, 그리고 그 이후의 포스트 록 장르의
음반에서 종종 발견된다.

그림 1: 구상적(具象的) 기법

Willie Nelson, *Red Headed Stranger*
Def Leppard, *Pyromania*
Fleet Foxes, *Fleet Foxes*

정물화나 풍경, 또는 인물의 초상화 같이, 마치 사진처럼 기능하는 그림이 전면에 등장하는 음반이다. 그림 중심의 커버 디자인 중 약 34퍼센트가 이에 해당한다. 엘비스 코스텔로(Elvis Costello)의 『암드 포스(Armed Forces)』에 등장하는 코끼리 떼나, 데프 레퍼드(Def Leppard)의 『파이로마니아(Pyromania)』에서 보이는 일촉즉발의 상황처럼 사진으로는 재현이 쉽지 않은 상황을 그림으로 묘사한 경우를 비롯해 소닉 유스(Sonic Youth)의 『구(Goo)』나 틴에이지 팬클럽(Teenage Fanclub)의 『밴드왜건스큐(Bandwagonesque)』처럼 특정 스타일을 위한 일러스트레이션을 사용한 것까지 다양하다.

그림 2. 추상적(抽象的) 기법

Dave Brubeck Quartet, *Time Out*
Gil Scott-Heron, *Winter in America*
Primal Scream, *Screamadelica*

정확한 내용이나 의도를 파악할 수 없고, 색상이나
질감의 분위기로 의미를 추측하거나 느껴볼 수
밖에 없는 추상적인 그림도 있다. 그림 중심의
커버 디자인 중 약 24퍼센트가 이에 해당한다.
데이브 브루벡 쿼텟(Dave Brubeck Quartet)의
『타임 아웃(Time Out)』처럼 디자이너가 직접
그린 그림이 있는가 하면, 스탠 게츠(Stan Getz)와
찰리 버드(Charlie Byrd)의『재즈 삼바(Jazz
Samba)』처럼 화가의 작품을 사용한 작업도
있다. 각각 S. 닐 후지타(S. Neil Fujita)와 올가
알비즈(Olga Albizu)가 그렸다. 사진과 마찬가지로
그림에서도 그 수준이 매우 조악하다고 느낀 경우가
다수 있지만, 사진에 비하면 그 판단이 다분히
주관적일 수 있기에 따로 항목을 만들지 않고 여기에
포함했다.

그림 4: 초현실적 소재

Penguin Cafe Orchestra, *Music from The Penguin Cafe*
Iron Maiden, *The Number of the Beast*
Lambchop, *Nixon*

히트 음반의 커버에 그림이 사용됐다면 초현실적인 소재를 다뤘을 확률이 높다. 그림 중심의 커버 디자인 중 약 38.5퍼센트가 이에 해당한다. 예스(Yes)나 아시아(Asia)의 많은 음반을 작업한 (나도 매우 좋아하는) 로저 딘(Roger Dean) 같은 디자이너의 일러스트레이션이 대표적이다. 헤비메틀 장르의 음반 커버에는 주로 해골, 유령, 괴물 등을 소재로한 초현실적인 그림이 매우 높은 빈도로 등장한다. 특히 데릭 릭스(Derek Riggs)가 만든 캐릭터 에디(Eddie)는 아이언 메이든(Iron Maiden)을 대표하는 마스코트로 널리 사랑받았으며, 나아가 (본문의 글을 인용하면) 추종자들이 자신을 투영하는 어떤 '애티튜드'를 형성하는 장치로까지 발전한 성공적인 사례다.

그래픽 디자인

Kraftwerk, *Die Mensch·Maschine*
The Gun Club, *Fire of Love*
Animal Collective, *Merriweather Post Pavilion*

앞서 다룬 경우처럼 사진이나 그림으로 전면을 채운
뒤 텍스트는 정보를 전달하는 수준의 소극적인
요소로만 사용한 게 아니라, 색면이나 점과 선,
트리밍한 사진, 듀오톤이나 모노톤으로 처리한
사진, 타이포그래피 기술, 표현적인 레터링, 그밖의
다양한 조형 요소를 두루 사용해 디자인한 음반도
당연히 있다. 크라프트베르크(Kraftwerk)의
『인간 기계(Die Mensch·Maschine)』나 토킹
헤드(Talking Heads)의 『리메인 인 라이트(Remain
in Light)』와 같은 커버 이미지는 (그래픽
디자이너들 사이에서는) 꽤 유명하다. 다양한
시도가 존재했고 그중에는 개인적으로 좋아하는
작품도 많지만, 이렇게 전문적인 그래픽 디자이너의
손을 빌린 듯한 접근을 보여주는 커버는 천여 장의
음반 중 약 19퍼센트밖에 되지 않는다.

* * *

앞에서 언급한 분류 외에도 사진, 그림, 그래픽
디자인을 아우르며 반복적으로 사용되는 특정
요소를 따로 모아봤다.

액자식 구성

Dire Straits, *Dire Straits*
Joy Division, *Closer*
Carpenters, *Close To You*

사진을 음반 슬리브의 비율인 정사각형으로
크롭하지 않은 채 원본이 가진 가로나 세로의
고유한 비율을 유지하기 위해, 또는 고요하고
단정한 정서를 환기하려고, 또는 오히려 사진을
향한 집중도를 높이려는 의도로, 또는 사용된 사진이
가진 해상도의 문제를 이유로 많은 음반의 커버는
넓은 여백과 함께 사진이나 그림을 단정하고 작게
한가운데 레이아웃하는 방식을 취한다. 사진이나
그림을 사용한 음반 중 8.5퍼센트가 여기에 속했다.
양식적인 특징 치고는 제법 높은 비율이다.

모자이크식 구성

The Rolling Stones, *Exile on Main St.*
The Police, *Synchronicity*
Pet Shop Boys, *Behaviour*

여러 장의 사진이나 그림을 하나로 엮은 방식의
디자인이다. 밴드의 멤버 별로 한 칸 씩을 할애해
사진 네 장으로 구성한 밴 헤일런(Van Halen)의
1978년도 데뷔 음반부터 (세보니) 예순 장에 가까운
사진을 조합한 롤링 스톤스(The Rolling Stones)의
『엑자일 온 메인 스트리트(Exile on Main St.)』까지
다양하다. 사진 중심의 음반 커버 중 약 3퍼센트에
해당하는 음반이 이 방식이었다.

원형 프레임

Captain Beefheart, *Safe as Milk*
The Jimi Hendrix Experience, *Are You Experienced* (북미 발매반)
Neil Young, *Ragged Glory*

원형 또는 타원형의 프레임, 또는 그런 형태로
크롭한 이미지를 커버의 정중앙에 배치한
레이아웃이다. 어안 렌즈로 촬영한 듯 볼록하게
왜곡된 이미지가 함께 사용된 게 많은 것도
특징이다. 1970년대 이전의 음반에서 많이 찾아볼
수 있다. 천여 장의 음반 중 1퍼센트 정도가
해당한다.

글자로만 구성

Yes, *Close to the Edge*
Bad Company, *Bad Company*
Bob Marley & the Wailers, *Exodus*

음반명, 또는 뮤지션이나 팀의 이름 등 특정
텍스트만으로 레이아웃을 구성한 음반도 더러 있다.
밴드의 경우 별도로 만든 로고를 사용한 경우가
많고, 또한 그 글자의 배경은 검정색인 경우가
대다수이다. 배드 컴퍼니(Bad Company)의 동명
데뷔 음반, AC/DC의『백 인 블랙(Back in Black)』,
메탈리카(Metallica)의 ('블랙 앨범'으로 불리기도
하는) 동명 음반 등이 유명하며, 그래픽 디자인
항목으로 엮을 수 있는 음반 중에서는 약 17퍼센트,
전체 천여 장 중에서는 1.2퍼센트 정도의 음반이
이에 해당한다.

비행기, 우주선, 자동차, 오토바이

Boston, *Boston*
Prince, *Purple Rain*
Beastie Boys, *Licensed to Ill*

지금까지의 형태적·양식적 접근에 이외에도
소재로서 자주 발견되는 것을 찾을 수 있었다. 우선
탈것에 해당하는 사물이 등장한 경우가 많았다.
비행기, 우주선, 자동차, 오토바이 등 모든 탈것을
합치면 천여 장의 음반 중 1.2퍼센트 정도가
된다. "커버에 비행기, 자동차, 동물이 들어간
음반은 무조건 좋다."라는 속설이 있긴 하지만,
'무조건'이라고 표현할 수 있을 만큼 등장하지는
않았다. 우주선은 보스톤(Boston)의 (얼마 되지
않는) 모든 음반에 상징처럼 등장한다. 내 머릿속에
떠오르는 비행기, 자동차, 오토바이가 등장하는
커버는 책에 실린 것 말고도 훨씬 많은데, 천여
장 안에 포함될 만한 대중성이 있는 음반은 아닌
듯하다.

동물

Jimmy Smith, *Back at the Chicken Shack*
Blur, *Parklife*
Robert Wyatt, *Shleep*

커버에 동물이 등장하는 경우는 바로 앞의 항목과
거의 동일한 1.2퍼센트를 차지한다. 많다면
많고 적다면 적은 비율이다. 동물 중에서도 가장
많이 등장하는 개를 비롯해(지미 스미스[Jimmy
Smith]의 『백 앳 더 치킨 색[Back at the
Chicken Shack]』[여기에는 개뿐 아니라 닭도
등장한다.], 블러[Blur]의 『파크라이프[Parklife]』,
케이트 부시[Kate Bush]의 『하운드 오브
러브[Hounds of Love]』), 고양이(캐럴
킹[Carole King]의 『태피스트리[Tapestry]』),
소(U2의 『악퉁 베이비[Achtung Baby]』),
말(빌 칼라한[Bill Callahan]의 『가끔은 우리가
독수리였으면[Sometimes I Wish We Were an
Eagle]』[제목에는 독수리가 있지만, 커버에는 말이
등장한다.]), 양(마이너 트리트[Minor Threat]의

『아웃 오브 스텝[Out Of Step]』), 새(로버트 와이트[Robert Wyatt]의 『슬립[Shleep]』), 원숭이(픽시스[Pixies]의 『두리틀[Doolittle]』), 펭귄(펭귄 카페 오케스트라[Penguin Cafe Orchestra]의 『뮤직 프롬 더 펭귄 카페[Music from The Penguin Cafe]』), 코끼리(엘비스 코스텔로의 『암드 포스』), 게(프로디지[The Prodigy]의 『더 팻 오브 더 랜드[The Fat of the Land]』) 등 다양하다.

여성

Otis Redding, *Otis Blue: Otis Redding Sings Soul*
Roxy Music, *Country Life*
Duran Duran, *Rio*

담긴 음악과는 별로 상관없는 여성의 사진을
전면에 내세운 아트워크도 있다. 여성을 대상화한
경우는 시간이 흐르며 많이 사라졌지만 오래된
음반 중에는 공식처럼 사용한 경우가 적지 않다.
이런 구태의연한 콘셉트라도 그림과 사진을
사용한 음반 중 약 1.9퍼센트나 된다. 맥락은
다르지만 벨 앤 세바스찬(Belle and Sebastian)의
『타이거밀크(Tigermilk)』와 『불길함을 느낀다면(If
You're Feeling Sinister)』 또한 여기에 포함했다.

아기, 어린이

The Smashing Pumpkins, *Siamese Dream*
Van Halen, *1984*
Notorious B.I.G., *Ready to Die*

동물, 여성에 이어 아기다. 그림과 사진에 등장한
소재 중 약 1.6퍼센트를 차지한다. 음반을 만드는
경우도 "3B, 즉 동물(Beast), 미인(Beauty),
아기(Baby)를 소재로 하거나 모델로 등장시킨
작품은 성공한다."라는 광고업계의 속설에서
자유로울 수는 없었나 보다. 결국 동물, 여성, 아기를
합치면 그림과 사진에 등장한 소재 중 4퍼센트에
육박한다. 꽤 많기는 하지만, 또 절대적이라고
말하기는 어려운 숫자다.

길거리

Steely Dan, *Pretzel Logic*
The Streets, *A Grand Don't Come for Free*
Grandmaster Flash & The Furious Five, *The Message*

장르를 불문하고 (하지만 힙합 장르에서 특히) 꽤
많은 음반들이 길거리에서 촬영된 사진을 사용한다.
사진 중심 음반 중에 6.4퍼센트가 길거리 사진을
선택했다.

하복부

The Rolling Stones, *Sticky Fingers*
Bruce Springsteen, *Born in the U.S.A.*
Madonna, *Like a Prayer*

이 종류의 디자인 중에서는 가장 유명한 롤링
스톤스의『스티키 핑거(Sticky Fingers)』와 거의
똑같은 구도의 사진으로 디자인한 음반이 많다. 사진
중심 음반 중 0.9퍼센트가 여기에 속한다.

그밖의 상징적 오브젝트

Velvet Underground, *Velvet Underground & Nico*
Sly and the Family Stone, *There's a Riot Goin' On*
Pink Floyd, *The Dark Side of the Moon*

지금까지의 소재들 외에도, 무언가 음반을 상징할
만한 오브젝트를 등장시킨 경우가 있다. 그 상징은
먹을 것에서부터 거대한 비행선까지 다양하다.
파가 등장하는 부커 T. & M.G(Booker T &
the M.G.'s)의 『그린 어니언(Green Onions)』,
바나나가 등장하는 벨벳 언더그라운드(Velvet
Underground)의 『벨벳 언더그라운드 & 니코(The
Velvet Underground & Nico)』, 힌덴부르크호(LZ
129 Hindenburg) 참사를 소재로 사용한 레드
제플린(Led Zeppelin)의 데뷔 음반 등 뮤지션의
사진을 사용한 경우에 비하면 좀 더 가치 있어
보이는 경우가 많다. 조사한 천여 장의 음반 중
6.2퍼센트가 이렇게 만들어졌다.

체크리스트

○ 사진 (+60)	○ 그림 (+30)	○ 그래픽 디자인 (+20)
□ 인물 (+90) □ 특정한 콘셉트를 갖춘 인물 (+60) □ 공연, 혹은 연주 장면 (+25) □ 정경 (+25)	□ 구상적 기법 (+25) □ 추상적 기법 (+15)	□ 글자로만 구성 (+15) □ 액자식 구성 (+25) □ 모자이크식 구성 (+10) □ 원형 프레임 (+5)
□ 분장, 연출, 왜곡, 합성 (+35)	□ 초현실적 소재 (+30)	
○ 길거리 (+20)　　　　　　　　○ 동물 (+5) ○ 상징적 오브젝트 (+25)　　　○ 아기, 어린이 (+5) ○ 비행기, 우주선, 자동차, 오토바이 등의 탈 것 (+5) ○ 하복부 (+2)		

음반을 디자인한 뒤 위의 체크리스트를 확인해봅시다.

• 0점 ~ 100점 미만: 세간에서 보편적으로 성공하는 음반들의 모양새와는 거리가 멀어 보이는군요.

• 100점 이상 ~ 200점 미만: 특별할 것 없는, 세상의 수많은 음반과 비슷한 인상일 확률이 큽니다.

• 200점 이상: 1950년대 이후부터 지금까지 성공을 거둔 음반들의 커버가 내포한 모든 속성을 갖췄습니다. 히트를 기다려봅시다.

조사한 천여 장의 음반 커버를 임의대로 (하지만
나름대로 배우고 경험한 이론과 감각을 토대로)
좋은 디자인, 적당하고 무난한 디자인, 조악하며
좋다고 여기기 어려운 디자인의 3단계로 분류해보니
그 비율은 순서대로 21, 30, 49퍼센트였다. 조악하며
좋다고 여기기 어려운 디자인이 절반 가까이
차지하는 건 내 취향이나 주관의 문제일까, 아니면
디자인이 음반의 인기와 큰 관련이 없다는 반증일까.
KLF는 본문 155쪽에서 이렇게 말한다.

"싱글 음반에서 커버가 다 무슨 소용일까? 음반
가게에 가서 20위 안에 든 싱글들의 커버를
살펴봐라. 거의 다 딱히 대단할 게 없을 것이다."

요즘 한국에는 레코드 숍이 별로 없으니 온라인
음원 사이트에 접속해야 할테고, 또한 한국은
싱글(실물)로 음악을 구입하거나 감상하는 문화도
정착되지 않았기에 음반 단위 또는 디지털 싱글의
커버 이미지를 살펴보는 것으로 대신해야 할 테다.
20위 안에 든 음반의 커버를 살펴보니 멤버들이
나란히 서 있는 사진이나 사소한 장면을 어눌하게
그린 그림 같이 시시한 게 대부분이었다. 그런데
이번에 조사한 결과에 따르면 멤버들이 나란히 서

있는 사진은 어쩌면 그 음반이 20위 안에 드는 데
기여했을 수도 있다.

> "사람들은 비주얼에 너무 신경을 쓴다. 생난리를
> 친다. 아주 목숨을 건다."

멋지거나 새롭거나 대단한 비주얼을 만드는 것
자체보다는 세세한 보정에 목숨을 거는 경향이 있는
듯하다. 아이돌 음악이 대세인 한국 시장에서는
포토그래퍼가 수정한 여러 버전의 (거기서 거기인
듯한) 사진을 수시로 교체해가며 밤이고 낮이고
모바일 메신저로 기획사 대표에게 확인받는
식으로 (아이돌 화보와 비슷한 용도의) 북클릿
작업이 이뤄진다고 한다. 포토그래퍼는 물론이고
디자이너나 기획사 직원들에게나 괴로운 일이 아닐
수 없다.

> "한 아티스트가 사용하는 비주얼은 그
> 추종자들이 자신을 투영하는 어떤 '애티튜드'를
> 형성하는 데까지 이른다. 당신에게는 그런 게
> 필요 없다."

필요없다고 단정할 수는 없다. 필요의 유무를 떠나

그런 애티튜드를 형성하는 것도 오늘날 아무나 할 수 있는 일은 아니다.

> "그저 커버에서 곡 제목과 아티스트 이름이
> 눈에 확 띄도록 밝고 컬러풀하게만 해라. 대단한
> 콘셉트는 필요 없다. 다만 깔끔한 그래픽이면
> 된다."

한국의 음원 사이트에서 20위 안에 든 음반들의 이미지를 웹 브라우저에 띄워놓은 채로는 이 말을 부정하기 어렵다. 2019년 현재, 대단한 콘셉트는 거의 존재하지 않지만, 깔끔하지 못한 그래픽은 매우 많이 찾아볼 수 있다.

> "뒤표지에는 더 많은 정보를 넣을 수 있다.
> 크레디트나 재치 있어 보이려는 말장난 같은
> 것 말이다. 라벨 디자인에는 다른 레코드
> 라벨에 나오는 기술적인 안내문을 전부 적으면
> 된다. 혹시 잘 모르는 게 있다면 변호사에게
> 확인해보는 것도 좋다."

책이 쓰인 당시에는 어땠을지 몰라도 오늘날 소비자가 뒤표지를 들여다볼 확률은 매우 적다.

나는 그럼에도 기술적인 안내문이나 법적 효력을
명시하는 문구에 퍽 신경 쓰는 편이지만, 요즘에는
이런 부분이 엉망인 음반이 눈에 많이 띈다.

> "사진은 굳이 쓸 것 없다. 돈과 시간을 들여 포토
> 세션을 하는 건 번거롭기만 하다. 참고로 우리는
> 의도한 바가 따로 있어서 사진을 쓴 적 있지만
> 돈은 억수로 들었다."

역시 이번 조사에 따르면 사진을 사용하는 것 자체는
매우 유효한 듯하다. 단, 조사 결과는 돈과 시간을
들여 사진을 찍는 게 누군가 그냥 막 찍거나 소장한
사진을 쓰는 것보다 음반의 성공에 특별히 도움이
되지 않음을 보여준다.

> "입은 옷이나 쓴 안경이 좀 마음에 안 들 수는
> 있더라도, 그래픽 아티스트의 99퍼센트는
> 괜찮은 놈들이다. 음반 커버를 작업해주고, 말도
> 잘 들어주며, 자기 할 일은 알아서들 잘 해낸다."

나라고 해서 뮤지션들의 패션이나 말투가 다 마음에
드는 건 아니다. 그래도 30퍼센트 정도는 괜찮은
사람들이라고 생각한다.

* * *

이번에 조사한 천여 장의 음반이 히트하는 데
디자인이 반드시 영향을 미쳤다고 가정해보자.
그렇다면 가장 효과적인 디자인 요소는 뮤지션(개인
또는 팀)의 사진일 것이다. 재미있는 콘셉트나
사연이 있거나, 훌륭한 포토그래퍼와 꽤 신경 써서
작업한 사진이라면, 음반이 나중에 '아주 많이'
히트할 경우 회자될 이야깃거리가 될 테다. 그러나
좋은 사진이 음반의 성공에 직접적으로 도움을
준다고 보이지는 않는다.

십여 년 전의 일이다. 한 밴드가 자신들에게
매우 의미 있는 사진이라며 꼭 사용해줄 것을
전제로 음반 작업을 의뢰했다. 나는 그 사진이
무엇을 촬영한 건지 알 수 없었다. 카메라 렌즈에
붙은 먼지가 찍힌 것 같기도 했고, 포커스가 빗나간
날벌레 같기도 했다. 애초에 사진인지 그림인지도
잘 판단이 되지 않았다. 그 사진을 사용할 방법이
도저히 떠오르지 않아 의뢰를 거절했는데, 결국 그
희뿌연 먼지 같은 이미지가 커버에 올라간 음반은
나중에 상도 받고 나름대로 꽤 히트했다.

그러나 실제로 이렇게 이미지가 모호한
아트워크는 히트 음반 천여 장 중 1퍼센트도 채 되지
않는다. 본인들에게 의미 있는 사진보다는 그저

단체 기념사진 같은 이미지가 훨씬 더 유효할 수도 있겠다. 오래된 컴퓨터에서 찾아낸 해상도 낮은 파일이라도 문제없다. 액자형으로 구성하거나 그런 이미지를 몇 개 더 찾아 모자이크식으로 구성하면 된다. 오늘날의 상황을 반영해 유추해보면 좋은 의상이나 메이크업이 도움이 될 것이다. 자동차나 비행기, 동물(특히 개), 아기나 어린이가 사진에 함께 등장할 수 있다면 그것도 좋겠다. 인스타그램에서 인기를 끌 만한 멋진 장소도 도움이 될 테다. 사진을 사용하기 어렵다면, 음반명이나 뮤지션의 이름, 또는 그럴듯해 보이는 말을 전면에 배치하는 것도 방법이다. '죽기 전에' 시리즈에 수록되지 않은 최신 음반에서 예를 찾아보면 XX(The XX)의 음반, 시거레트 애프터 섹스(Cigarettes After Sex)의 동명 음반 등이 있다. 대프트 펑크(Daft Punk)의 『랜덤 액세스 메모리(Random Access Memories)』, 저스티스(Justice)의 『우먼(Woman)』처럼 상징적 이미지를 만들어 사용해보는 것도 여전히 유효해 보인다. U2의 『악퉁 베이비』는 히트 음반의 요소를 두루 갖췄다. 멤버들 인물 사진은 물론, 하복부, 자동차, 동물, 길거리 풍경 등을 망라해 모자이크식으로 레이아웃해 소재에서 양식적 특징까지 여러 체크리스트 항목을 포함한다.

그림을 사용하는 건 그다지 성공 확률이 높지
않지만, 초현실적인 소재를 구상적으로 표현한
그림이 좋겠다. 즉, 호안 미로(Joan Miró)나 마르크
샤갈(Marc Chagall)보다는 르네 마그리트(René
Magritte)나 살바도르 달리(Salvador Dalí)풍이
성공 확률이 높다는 말이다.

U2, *Achtung Baby*
Cigarettes After Sex, *Cigarettes After Sex*
Justice, *Woman*

여기서 다룬 분류와 체크리스트 등은 KLF가 전하는
히트곡 제작 비결과 마찬가지로, 어쩌면 실제로도
유효할 테지만, 그게 아니라면 시시한 농담이나
쓸모없는 비아냥으로 여겨질 테다. 조사 결과
음반의 성공에서 전략적 판단은 필요할지언정 좋은
디자인은 그다지 중요하지 않은 것으로 드러났다.
이번에 조사한 천여 장으로 음반의 성공과 디자인의
상관관계를 파악하는 건 애초에 불가능한 일인지도
모른다.
　　자연스레 그동안 내가 디자인한 음반을

되돌아봤다. 앨범과 싱글을 포함해 쉰한 장의 음반 이미지를 만들었고, 그중에서 뮤지션의 사진을 사용한 경우가 열두 장, 공연 사진을 사용한 경우가 한 장 있었다. 모자이크나 액자식 구성을 취한 건 한 번도 없고, 원형 프레임을 사용한 게 한 장, 글자로만 구성한 게 두 장 있었다. 3B나 길거리, 하복부 등의 요소는 한 번도 사용하지 않았다. 체크리스트의 요소를 그다지 염두에 두지 않았던 것이다.

그래서일까. 내가 디자인한 음반 중 크게 히트한 건 없다. 그래도 비교적 반응이 있던 음반을 꼽아보니 역시 뮤지션의 사진이 등장한 경우였다. 앞으로는 이번에 만든 체크리스트를 사용해보는 것도 좋겠다. 디자인 작업을 하는 분이나 뮤지션, 또는 기획사 및 레이블의 관계자분도 참고할 일이다.

KLF

빌 드러먼드(Bill Drummond)와 지미 코티(Jimmy Cauty)가 1987년에 결성한 영국의 2인조 음악 그룹. 잼스(JAMs), 타임로드(Timelords) 등 다양한 이름으로 활동했다. 힙합의 영향권 아래 애시드와 앰비언트 하우스 성향의 음악을 선보이며 1990년대 초까지 다수의 히트곡을 냈다. 1993년 전격적 은퇴를 선언한 뒤 K 파운데이션(K Foundation)을 설립해 전방위적인 예술 활동을 이어갔다. 100만 파운드의 현금을 불태우는 등 대중을 경악하게 한 상황주의적 해프닝을 연달아 벌이고, 대중음악의 통념과 신화를 부수는 행보로 컬트적 지지를 누렸다.

옮긴이. 미묘

앰비언트 음악가, 대중음악 평론가, 음악 웹진 『아이돌로지』편집장. 프랑스 파리 8대학 및 대학원에서 음악학을 전공했다. 2012년 음악 웹진 『웨이브(weiv)』필진으로 시작해 다수의 매체에 케이팝 아이돌에 관련한 칼럼을 기고하고 있다. 지은 책으로 『아이돌리즘: 케이팝은 유토피아를 꿈꾸는가』가 있다.